幸せになる覚悟はいい？
―グッバイ恋愛地獄―

ブラック0号室（@black0room）

はじめに

「私は、わがままでせっかちで少し不安定。ミスを犯すし、自分をコントロールできない時もある。でも、もしあなたが私の最悪の時にきちんと扱ってくれないなら、私の最高の瞬間を一緒に過ごす資格はない」

「女性には、自分を必要としない人なんて必要ないのよ」

知らない人はおそらく少ないであろう、ハリウッド女優マリリン・モンローの言葉。

彼女は常に自分を魅せる手段を知り、自分を求めない人には見向きもせず、愛される側に立ち続けた芯のある女性だ。

そんな彼女の言葉は、いつも容赦なく、恋愛に疲れ、打ち砕かれ、明日にさえ期待できなくなった弱った心に薪をくべてくれる。
また燃え上がる恋ができるようにと。

（初めまして。ブラック0号室です。）

この本には、ある大切な願いを込めました。
ひとつは、恋愛や結婚に対して、まだ望みを捨てていないあなたへ。
もうひとつは、既に疲労困憊《こんぱい》中のあなたへ。

どちらにとっても、幸せという財宝が眠る場所を示した地図になって欲しいという願いね。

タイトルも、回りくどいものじゃなくて、どストレートな言葉で「気付き」を伝えられるものにしたかった。本文も、さらにどストレートな言葉で「勇気」を与えるものにしたかった。

そもそも「気付き」や「勇気」って、必ずしも自分ひとりで絞り出すものでもない気がしてる。きっと大半の人は、他人から与えてもらったり、教えてもらったりしてるんじゃないのかな。

だからこの本を読んでくれているあなたに、私からほんの少しの「気付き」と「勇気」をお譲りしようかと思います。

当然それを活かすも殺すもあなた次第だし、そのあとのアフターケアまでは見切れないけど、この本を破いたり、ブックオフに売りに行ったりせず、部屋と心の片隅にでも置いてくれるなら、死ぬまでサポートはするつもり。

それだけ、今伝えたいことを詰め込んだから。
どうか最後まで飽きずに読んでくれたら嬉しいな。

あ、それともうひとつだけ。
私の言葉は、痛いところをぶっ刺すことで有名だから、このページをめくる前に一度深呼吸することをオススメします。

では、また後ほどね。

Index

ROOM

第2章 辛い恋を乗り越えて、幸せな恋がしたい

第3章 不安で切ない片思い

BLACK 0

Index

第4章 付き合ったら、幸せだけが待っていると思っていた

ROOM

第5章 結婚相手、彼でいいのか問題

BLACK 0

Index

第1章

私の王子様、。どこにいるの？

結婚とか、幸せとか、周りに言われなくたって考えてる。
でも、そんなの、どうしたら手に入るの？

好きって感情とか、
叶う恋愛の喜びとか、
私だけを見てくれる彼氏とか、
どこに行ったら出会えるの？
…ねぇ、誰か教えてよ。

今まで一度も彼氏がいたことがありません。恋愛ってどうしたらできるの？

まず確認させてほしいんだけど、あなたは男性からモテたことがある？

モテたことがある人なら、話は簡単。相手が自分のどこを魅力的だと思うのか、わかってるってことだから。

「可愛いね」「優しいよね」「いつも一生懸命なとこが好きだよ」。

こんな風に、男から褒められた経験がある人もいるでしょう？

その褒められポイントをもっと伸ばしていけば、そこに惹かれる男がまた現れるし、新しい恋なんていくらでもできると思うの。


問題は、モテたことがない人。

まだ自分の良さを教えてもらった経験がないから、自分には魅力がないと思ってる。どこを伸ばせばいいのかも、わからない。

その状態で恋活するって、試験範囲を教えられずに勉強するようなもの。めちゃくちゃ大変だし、無謀よね。山張ってもいいけど、いい結果なんて望めないでしょ。闇雲すぎてモチベも続かないしね。

こういう言い方すると、頭抱え込んじゃう人が続出しそうだからもう言っちゃうけど、恋したいなら、まずはじめに「男の目にとまれ」ってこと。

いい？　男って生き物は、何歳になっても女をまずは外見で選ぶ。学生にしろ、中年オヤジにしろ、はたまたおじいさんまでも、「女は見た目が8割」だと思ってる。これが現実。

いくら内面が素晴らしくても、そこを見せる前に見た目で弾かれてしまうことなんてざらにある。だから第一印象が大事だし、そこで植えつけられる先入観って根強いから、それをなくすくらいのアピールって結構大変。

大逆転を狙うのは、運とテクニックも必要な、かなり高いハードルなの。

だから、まずは好印象を与えるための「見た目」を手に入れる。

美人になれ！ってことじゃなくて、ちょっといつもよりメイクを頑張ったり、ヘアアレンジしてみたり、オシャレに気を使ったりしたら、見た目なんていくらでも変えられる。


見た目＝相手に与える印象だから、「なんか目にとまっちゃう好印象女子」のイメージを作って、どんどん印象操作すればいいわ。


見た目が変われば、ある程度彼氏はできるはずだけど、もし長続きしないようなら次は内面も見直すこと。

性格ブスだと、一度寄ってきた男も逃げていくから。

ただ、まるっきり変える必要はない。良いところはそのまま、直すべきは悪い部分、ね。

自分じゃわからなければ、友達とか家族に聞いてみる。

「あんたって短気よね」「自分の話しかしないよね」なんて周りから言われてるんだったら、そこは率先して直すべきポイント。

そうやって地道に頑張れる女が最後は笑うってことだから。


それと、もう一つは「自分の武器を知る」ってこと。

「いつも笑顔で明るいよね」とか、「お喋りしてると元気もらえる」とか、「気が利くし、面倒見いいよね」とか。ほんの些細なことでもいいから周りから褒められたことがあるなら、それは立派な「魅力」で「武器」になるよ。

もしまだ自分の武器を知らないなら、「私の魅力って何かな？」って近い存在に聞いてみてもいいんじゃないかな。

知るってことは、意識するってこと。意識するってことは、行動できるってことだからね。

外見も内面も磨いていくと、どんどん自信が生まれる。自分を好きな子って本当に強いし、輝いて見えるでしょ？

モテる女はみんなそう。「自信」は最強の武器なの。

恋愛したいなら、男の目線を奪える自信が持てるまで、自分を磨きなさい。無理に好きな人を見つけるよりも、ピッカピカになるまで磨いたらいいわ。

Q 女性ばかりの職場で出会いがありません。出会いってどこにあるの？

今はSNSが発達しすぎて、毎日誰かと繋がってる感覚があるのに、「出会い」には発展しない不思議。

なんでかな？　手のひらに、何万人って男のアドレスを握りしめてるようなもんなのに。

SNSは出会いの宝庫。リアルの世界で見つけられないなら、ネットの世界で探せばいい。

フェイスブックだったら顔、本名がわかるし、仕事とか私生活について書いてる人が多いからリアルでの出会いに近くなる。インスタグラムだったら、その人の好きな世界観がわかるよね。ツイッターは、ちょっとハードルが上がるかもしれないけど。

そして、気になる人がいたら、自分から近づいてみること。

ただ待ってても何も始まらないんだから、まずは自分の存在を相手に知ってもらわなきゃ。


アプローチの方法は色々あるけど、一番ハードルが低いのはコメントかな。

例えば、相手が「海に行ってきました」って投稿してたら、「私も海好きです！いつも綺麗な写真、投稿されてますよね。これはどこの海ですか？」とか。

これだけで、共通の趣味があることがわかるし、遠回しに「ずっと前から気になってました」と伝えることもできる。

好意を持たれて嫌な男はいないから、返事は来ると思う。何回かコメントしてれば、相手の気になる存在になれるよ。

もっと距離を近づけたかったら、ＤＭしちゃう。

「前から見ていて、投稿の雰囲気が好きなのでＤＭしました。よかったら返事ください」とか、最初はこのくらいでＯＫ。ワンスクロールで読めるくらい、さらっと。

あとは、手っ取り早く彼氏候補を見つけたいんだったら、「出会い系」もアリよね。なんせ、あの場所には「出会いたい」と思ってる人たちが、わんさか集まってるんだから。

ただ、中には体目当ての「ヤリモク男」もいるから、少々傷を負う覚悟は必要ね。

一番ダメなのは、好かれようとしてYESマンになっちゃうこと。

「この子、ちょろいな」って思われたら、オオカミくんの餌食確定。そうならないように、初めて会う時は「お堅い女」を演じましょう。

出会うきっかけが見つかったら、今度は相手に好意を持ってもらうために「褒める」のがコツよ。

男って単純だから、褒められたらそれだけで気を許すの。趣味とか仕事のことでもいいし、実際に会えたら「かっこいい」「優しい」「頼りがいがある」とか、なんでもいい。とにかく褒めて褒めて、褒めまくる。もう褒め殺しするくらいでいいよ。

男は、そんな風に褒めてくれる女のことは気になっちゃうものだから。

好きは、ほんのり匂わせるくらいでちょうどいい。一回の「好き」よりも、10回の「かっこいい」ですよ。

合コン、同窓会、結婚式の二次会。今日も出会いの場は街中に溢れてるけど、異性が集まる場所には、ちゃんと顔を出してる？

え、一回当たって砕けたからもう行きたくない？

はぁ？　何言ってんの？

黙って寝てても出会いの場が用意されるお姫様ならアリだけど、そうじゃないんだからそんな甘いこと言わないの。

誰だって失敗して当たり前でしょ。たった一回のぶっつけ本番でいい男をゲットできるのなんて、宝くじを当てるようなものなんだから。

失敗して得た経験値が多くなるってことは、それだけ男を喜ばせる武器も揃うってことよ。

もし、SNSとか出会い系、合コンでの出会いを「ダサい」とか、「怖い」「ありえない」って思ってるとしたら、そっちの方がダサいわ。

それ、誰に言われたの？

ファッションとか考え方は他人と被りたくない、オンリーワンでいたいって言うくせに、なんでそこは他人に流されるのよ。

出会い方だって、あなたがいいと思えば、それでいい。

出会いがないって嘆く暇があったら、もっと肉食女子になってもいいんじゃない？　お話はそれからよ。

いい？
あなたが
好きなだけじゃ

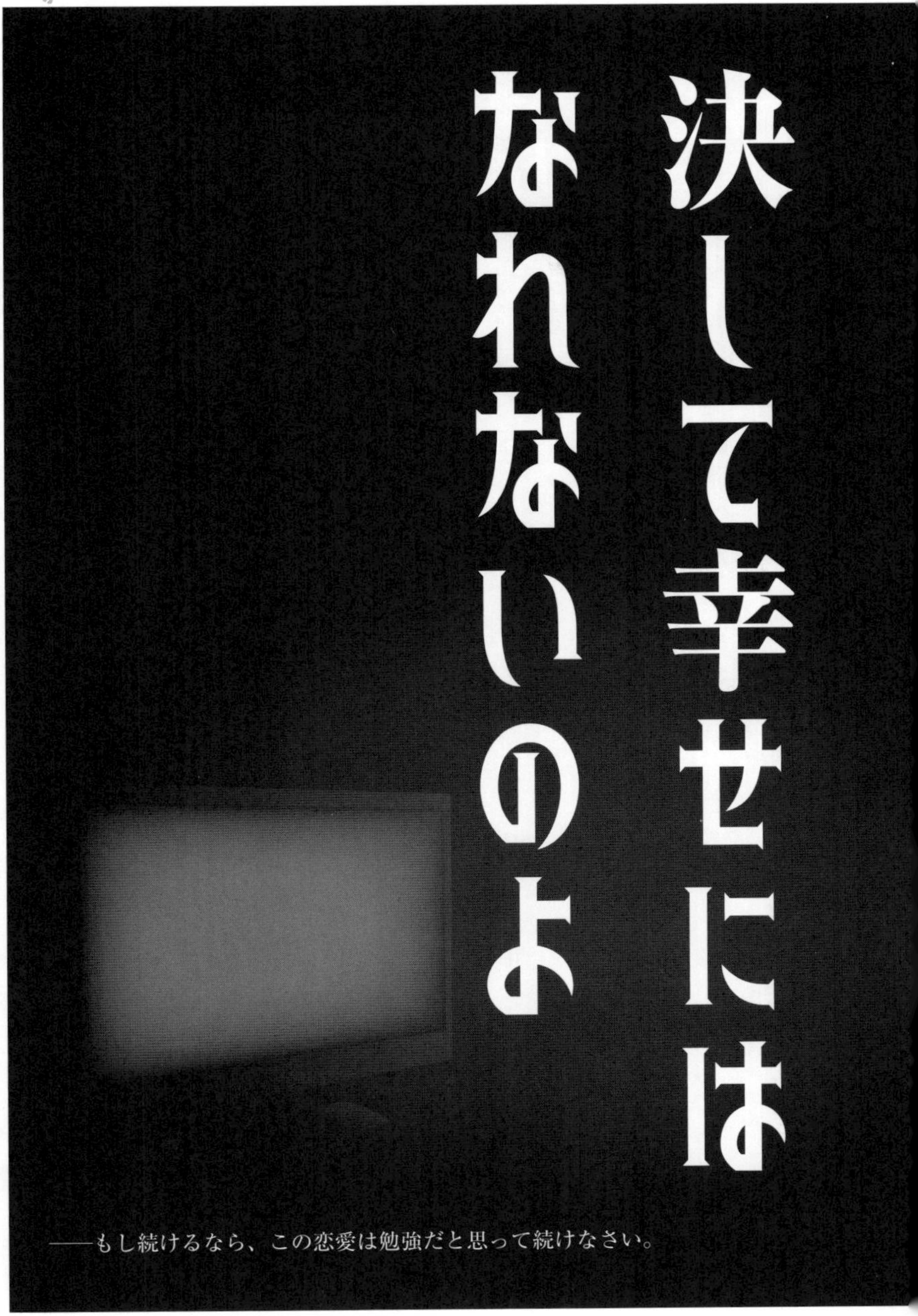

決して幸せにはなれないのよ

——もし続けるなら、この恋愛は勉強だと思って続けなさい。

男性とうまく喋れません。どんな話をすればいいのでしょうか？

うまく喋らなきゃって思うと、もう話すこと自体が苦痛になるよね。

それより「これ聞いてみたい」とか「あれ興味あるかな？」とか、考え方をそっちに持っていった方が楽しくない？

会話って病むためにするものじゃなくて、話したい気持ちが止まらないくらい楽しいから続いていくものでしょう？


話題なんて、その日その時にあなたが思ったことで十分。

「おはよう！　朝、電車混んでなかった？」「プレゼンの準備してる？」。

ほら、こんな話題でも成り立つのに、「困らせないようにうまく話そう」って力むからしんどくなるのよ。

もし、話すきっかけがなくて困ってるんなら、自分から作っちゃえ。

朝、電車や会社のエレベーターで一緒になるとか、学生なら学校の正門、下駄箱で会うとか、〝偶然〟ってあるでしょう？

「たまただね」って状況は、いくらでも作り出せるのよ。その人が行きそうな場所に、その人がいそうな時間帯にいればいいだけだから。

人が少ない場所だったら、もう完璧。誰かに会話を聞かれる心配もないから、思い切って話しかけられる。

ストーカーって思われないかな、なんて迷ってる場合じゃない。偶然を装って出会ってみなさいよ。

その偶然は、後で会話の伏線になる。「よく会うね。いつもここ通るの？」「家はどの辺なの？」とかね。

あとは、その伏線を回収すればいいだけ。

気になる人の友達とかに聞いて、彼の趣味をリサーチしておけば、そこから会話が思った以上に弾むかもよ？

偶然は待ってちゃいけない。自分で作って〝運命〟に変えるんだよ。

それから、初デートとか、婚活パーティー、合コン……初対面の人と何を話せばいいのかわからないって人もいるかもね。

そういう時は、とりあえず褒めること。男は褒められるとガードが緩むから。

ただ、その人とまったく関係ないことを褒めちゃうと「何言ってんだ、こいつ」と思われて逆効果。相手の関心事を攻めないとダメね。

会話って、相手に興味を持つことから始まるの。

ほら、なんか自分のことを話したくなる人って、自分に興味持ってくれてる人じゃない？

「ちょっと自分のこと好きかも」と思う人には、どんどん内面を出していける。

相手が社会人なら、やっぱり鉄板は仕事ネタかな。

試しに、「今までで一番やりがいのあった仕事ってなんですか？」って聞いてみて。

「やりがい＝自慢したくなること」。男は基本的に自慢したい、認められたい生き物だから、喜んで語ると思う。どんな人でも、仕事には思い入れがあるはずだしね。

で、話してくれたら褒める。「すごーい！」って、とびっきりの笑顔でね。ちゃんとリアクションするのがポイントよ。

「興味を持って、笑顔で褒める」。

これで、どんな人とでも楽しく話せるようになるよ。

さらに言うと、わからない用語が出てきたら「興味あるフリしてスマホで調べてみる」。すると、「え？　そんなに興味あるのかな、もっと話してみよう」って男はなるから。

もし、女友達とは普通に話せるのに、男の前に出た途端、無口になるって人がいたら、ちょっと自意識過剰かもね。

「嫌われないようにしなきゃ」って思ってない？

「嫌われないようにしよう」って、相手が自分を好きって前提に立ってる。

逆に、なんで好かれてると思ったの？

10点が0点になるかもって思ったら、そりゃあ怖い。だから、最初はちょっと嫌われてる、くらいに思った方がいい。

もともと0点なら、失うものはない。あとは挽回するだけだよ。

3万人に聞いた！ 男の本音

気になる恋の疑問を、ブラック0号室のフォロワーに質問！

ブラック0号室

初対面で気になるのはどんな女性？

笑顔が素敵

清楚な見た目

清潔感があって、話しやすい

気遣いができる

聞き上手

行儀がいい

ノリが良いけど、言葉遣いはきれい

マナーがしっかりしてて、大人っぽい

自分のことを気にかけてくれる

何かしら印象に残る人

ブラック0号室　一言で言うと「ちゃんとしてる子」がみんな気になるってことね。見た目が8割とか言うけど、内面でいくらでも挽回できるよ。

見た目コンプレックスがあり、好きな人ができても告白する勇気が出ません。

自分の嫌いな部分がわかってるなら、まずはそれを取り除いた方がいいと思う。告白するなら、「今めちゃめちゃ輝いてます、私！」って感じの時の方が絶対いいから。好きな人には〝一番可愛い瞬間〟を見せてやりたいじゃん。

じゃあ、どうやったら見た目コンプレックスがなくなるのか？

これは、シンプルに「努力」するしかない。もっと言うと、自分にどれだけ「お金」と「時間」を使えるか、がカギになる。

目が一重で小さい、肌が汚い、太っている。人それぞれコンプレックスは違うと思うけど、今、それを改善するためにやってることはある？

もし何もやってなくて、ただ「私は可愛くないから」ってすねてるんだったら、残念だけど、あなたは変われない。

何の努力もせずに可愛くなりたいって、何も投稿してないくせにフォロワーが欲しいって言ってるようなもの。おこがましいのよ。

キレイな人のインスタ見るとさ、食事制限したり、ジムに行ったり、エステでメンテナンスしたり。みんな本当に努力してるよね。

みんながみんな生まれつきの美人ってわけじゃないし、美人だって手入れしなきゃどんどん劣化する。それが怖いし、わかってるから、キレイでい続けるために日々、お金と時間をいっぱい使って自分を磨いてる。

つまり、キレイになる方法はインスタに載ってるってこと。それを真似したらいいんじゃないかな。

え？　お金がないから無理って？

そんなの言い訳よね。余裕がある人だけがキレイになれるって思ってる時点でダメ。
欲しいものを手に入れるためには、ある程度リスクを負わないといけないの。本気でキレイになりたいって思ったら、食費を切り詰めたり、欲しい服を我慢するくらいできるはずだよ。

今、見た目に自信がないなら、それってすっごくチャンス。

これからいくらでも自分を変えていけるってことだから。「なりたい自分」を選びたい放題なわけよ。

しかも、自分の評価点マイナスからスタートするから、どんなに小さな変化も周りにとってはプラスに見える。磨けば磨くほど、元の自分とのギャップが生まれるし、そのギャップに弱いのが男って生き物なのよ。

ほら、一度、本気で変わる努力をしてみたら?

小さい目がコンプレックスなら、ＹｏｕＴｕｂｅのメイク動画見て、目が大きく見えるメイクを研究するとか、もっと劇的に変わりたいなら整形したっていい。

それで自分を好きになれるんだったら、安いもんよ。

自分に似合う髪型を探したり、流行に敏感になってファッションを変えるのもいい。

とにかく努力して、自分の「最大の魅力」を演出するの。

変わっていく自分を見るのは楽しいし、費やしたお金と時間は裏切らない。

3ヶ月くらい本気でやれば、確実に前とは違う自分になれるよ。


そして、「なりたい自分」を手に入れたら、毎日外を歩く時はパリコレだって思っちゃえ！

いつ、どこで誰に見られてるかわからないんだから、一瞬だって気を抜けない。

モデルになったつもりで堂々とランウェイを歩いて、「誰かに一目惚れされてやろう」くらいに思うの。

変わる人って、まず意識から変えていく。内面は普段の歩き方とか立ち姿とか、ちょっとしたところにも出てくるからね。

セルフプロデュースで変わって、自分に自信が持てるようになったら、告白だって簡単にできちゃうよ。

もしかしたら、狙ってた以上のいい男が寄ってくるかもしれない。男は知り合いにばったり出くわした時、自慢したくなる女を連れて歩きたいんだから。

嫌いな部分は隠して、補って、「好きな人が自慢したくなる女」になろう。

Q 理想が高くて、好きな人がなかなかできません。

あなたの理想の彼氏ってどんな人？

イケメンで、優しくて、高収入？


そんな人いたら、誰だって付き合いたいよね。

今はイケメン社長と人気女優のカップルなんてめずらしくないけど、そういう男はモテて当たり前。


つまり、みんなの理想の男は、相手（あなた）に求めるレベルもめちゃくちゃ高いってこと。

理想を追い求めるのはいいけど、あなたもその男の理想のポジション

を目指さなきゃいけなくなるってことはわかってる？

あなたがすでにそのポジションにいるのなら文句は言わない。そのまま頑張ってって感じ。

まぁ、でも、そうじゃないからゲットできてないわけよね。

いい？　まずは、自分の今の立ち位置がどの辺かを理解しておくこと。

某ＲＰＧゲームでいうところの、装備こん棒に木の盾レベルだったりしない？

正直、それじゃ勝ち目はないよ。なんか作戦を考えないと。

相手の理想のレベルに近づくか、今の自分に見合った人を選ぶか。

道は二つに一つなわけだけど、自分が背伸びばかりする恋愛は、いつか自分の首を絞めることになると思う。

本当に本当に運良く、ハイスペックな男と付き合えたとして、最初は相手に求められることもあるでしょう。

でも、自分の元々のポテンシャルって隠しきれるものじゃない。いつか必ずボロが出る。

そうなった時、がっかりされて振られるのは目に見えてるよね。

どっちの道がいいかは、自分で考えて。

誰でもいいから
愛してよって
言うくせに

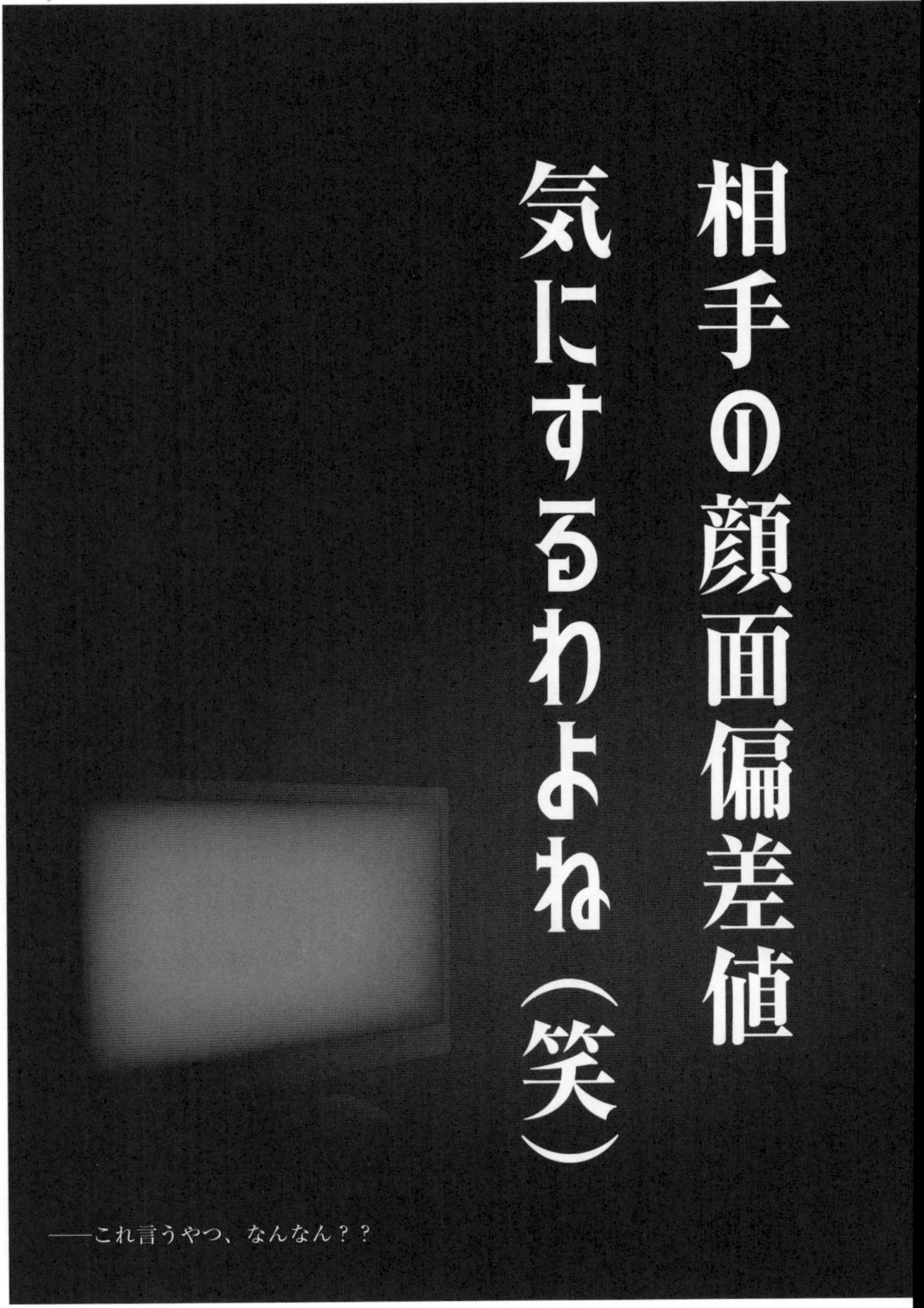

相手の顔面偏差値気にするわよね（笑）

——これ言うやつ、なんなん？？

そろそろ彼氏作らなきゃと思ってはいるけど、正直、二次元の世界で生きていたい。

私の周りにもビジュアル系の追っかけやら、アイドルとか声優にどっぷりハマって抜け出せない人が何人かいるけど、二次元の世界はいいよね。自分の好きなものだけを選べるし、決して裏切られることがない。何より、一人でも十分楽しめるもんね。

そんな優しい世界に一度浸ったら抜け出せないし、現実の男に興味が持てなくなっちゃう気持ちもわかる。

今は一人でも十分幸せになれる世の中だから、結婚が正解ってわけでもないし、ずっと二次元の世界で生きていたいなら、どうぞお好きにって感じなんだけど。

「お付き合いしてみたい」「結婚したい」って気持ちがどこかにあるのなら、同じ趣味を持つ人と一緒になるのもアリだと思う。

好きな音楽とかアニメが同じなら、きっと楽しい生活を送れると思うし。

そうじゃない相手と付き合いたいっていうなら、多少理解のある人を選ばないと厳しい現実が待ってる。

今まで趣味に惜しみなくつぎ込んできたお金も、そうそう自由には使えなくなるし、行きたいライヴよりもデートを優先しなきゃいけないこともある。

どこかで二次元離れしなきゃいけない時期は来ると思う。

本気で結婚したいなら、あくまで趣味と割り切って、時には我慢して、メリハリをつけられる自分にならなきゃいけないよね。

もしくは、「それでも君が好きだよ」って言ってくれる相手を選ぶか（そんな人がいれば、の話だけど）。

まぁ、でも二次元にどっぷりって人は、一回現実を見た方がいいかもね。

二次元アイドルみたいな人とじゃなきゃ、お付き合いも結婚もしたくないって夢見るのは勝手だけど、そんな世間は甘くない。

二次元の男と現実の男を比べて「ないわ〜」とか言ってないで、ちゃんと現実を受け入れないと、いつまでも出会いがないままだよ。

あとは、いつものヲタ友メンバーとばかりつるんでると、違う価値観とか意見に触れられないから、たまにはリア充の友達とご飯行ってみるのもいいね。で、「生身の男の良さ」を教えてもらったらいいかも。

抱き合った時の温もりや匂い、キスした時のドキドキは、現実の男にしか感じられないもの。安心感とか癒やしをくれるのも、自分一人だけを愛してくれるのも、一緒に年を取っていけるのも、三次元の男だけ。

欲しい言葉をくれなかったり、些細なことでケンカしたりするかもしれないけど、「思い通りにならない良さ」もあるんだよ。

Q 学生時代からの男友達と付き合うのってアリですか？

これは大アリ。むしろ、応援したいくらい賛成。

学生時代からの友達ってことは、気心が知れてて、言いたいことが言える仲。お互い良いところも悪いところもよく知ってるから、居心地は最高にいいと思う。

ただし、「他に良い人がいないから」って理由なら、話は別。友達がみんな彼氏持ち、結婚する人が増えてきた、年齢的に早く子供を産まなきゃとか、周りと比べて焦りを感じることってあると思う。

そうなると、とにかく彼氏を作らなきゃって発想になりがちだけど、妥協で選んだ恋は長続きしない。

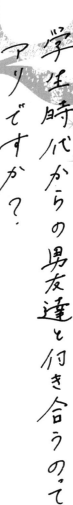

片方は本気だけど、片方は妥協でしかなかったなんて悲劇じゃない？

結婚までいったとしても、あとで本当に好きな人ができて不倫に走るとか、よくあるパターンだし。それで離婚したらバツイチになって、自分のブランドにも傷がつくわけだから、そこはちゃんと考えた方がいいよね。

昔のお見合いじゃないんだから、彼を男として見られないなら、やめた方がいいと思うなぁ。


妥協で一緒になった人と、それなりの毎日を過ごすのか。それとも、待ちに待って出会った大好きな人と、ものすごく幸せな生活を送るのか。

「今」を見るか、「5年後」を見るかで人生は大きく変わる。

好きになることよりも、好きでい続けることの方が大変だからさ。

自分を幸せにしてくれるのは、周りの人じゃなくて、自分自身だし、連れ添う人。

だから、周りに流されて焦らなくていいってこと。

でも、付き合ってみるのは賛成よ。
付き合ってみたら、ものすごく好きになるってこともあるんだし。
「嫌い」よりも「好き」が上回ったら、そのまま結婚したらいい。

ある男性から告白されました。好きじゃないけど断る理由もない場合、付き合うべき？

断る理由が特にないなら、とりあえず付き合ってみてもいいけど、相手は100%あなたのことが好きな状態でアプローチしてくるわけだから、その前提は気にとめておくことね。

そこで嫌がったり、途中で怖くなって離れてしまうくらいなら、最初から付き合わない方がいい。

だって、相手の気持ちに応えられなかったら、どちらにとってもストレスだし、お互いの時間奪うことになるし、彼の気持ちを弄ぶことにもなる。

それって、とっても失礼でしょ。

それから、とりあえず付き合うってことにはリスクもあるから。

適当に付き合ってすぐに別れたりしたら、振り回された彼は、あなたに恨みを持つかもしれない。自信をなくすかもしれない。

変な噂を流したり、リベンジポルノとかする男もいる世の中だからね。ＳＮＳなんかで流されたら一発で印象づいちゃう。

そんなことであなたの価値が下がるなんて、ごめんでしょ？


付き合うなら、ちゃんと相手を見極めて、誠心誠意付き合うこと。

それでもうまくいかないなら、お互いに納得のいく形でキレイに別れる。

それができそうにないなら、悪いことは言わないからお止めなさい。


なんか否定ばっかりしちゃったけど、全然好きじゃない人に告白されて付き合って、それで幸せになったって人もいる（ちょっと特別だけど）。

知り合いの女性は、それまで自分が追いかける恋ばかりしていたのが、初めて

「追われる側」になったんだけど。

会社の上司に毎日詰められて、精神的にどん底だった時に「頼むから仕事を辞めて。俺が全部責任を取るから」って彼に言われて結婚したんだって。

結果的に大正解だったたって言ってたわ。

自分を肯定してくれて、それでもいいからと存在価値を認めてくれた人は、やっぱり好きになっちゃうし、一緒にいたい、添い遂げたいと思うよね。

まぁ、この旦那さんが優しくて素晴らしい人ってところもあるけど。

基本的に、女性は愛されてる方が幸せだと思う。

だから、男に選ばれるんじゃなくて、選ぶ側にいるべきよね（選ばれるように仕向ける、でもいいけど）。

本当は「追いつ追われつ」が理想だけど、男は追われるだけだとすぐ調子に乗るから。

3万人に聞いた！ 男の本音

気になる恋の疑問を、ブラック0号室のフォロワーに質問！

ブラック0号室

「付き合いたい女」と「結婚したい女」の違いって？
左が「付き合いたい女」、右が「結婚したい女」よ。

付き合いたい女	結婚したい女
愛嬌がある	マナーを守れる
気配りができる	ご飯をおいしそうに食べる
顔と性格がいい	気を遣わず、居心地がいい
癒やされる	ずっと一緒にいて飽きない
自分を応援してくれる	自分を叱ってくれる
自分に尽くしてくれる	自分に足りないものを持ってる
守りたくなる	価値観や将来像が共有できる
ドキドキする。デートしたくなる	安心感をくれる
価値観が合って、一緒にいて楽しい	きちんとした仕事をしている

ブラック0号室　結婚までしたいと思うのは「生活」が見える人。叱ってくれる人は最高。自分のことを本気で考えてくれてるってことだから。

恋愛するたびに自分の性格の

面倒くささを痛感する

——あー自分の性格が嫌になるよ。

「運命」って本当にあるの？

「運命」なんて誰がつけたんでしょうね。
曖昧すぎる表現よね、後出しジャンケンよね、ずるいわ。
だって「運命」って、幸せ者にしか言えない言葉だから。
経験者のみが言える魔法の言葉だって。悔しいわ。

ちょっと熱くなっちゃったけど、私の片割れ的存在の〝妻溺愛夫〟に言わせるとさ、運命って「努力の結果」らしいよ。

運命＝奇跡＝偶然＝努力の結果。

奥さんとの出会いは新年会だったらしいけど、最初は気乗りしなかったんだって。断ろうと思えば断れたって。

でも、その道を自分で選んで、怖がらずに勇気を出して飛び込んだ。目の前に現れた「偶然」というものにまず乗っかって、それ相応の努力をしながらちゃんと形にした。その結果が、運命の人との結婚。

だから「運命＝努力の結果」。そう、胸を張って言えるんだってさ。

運命ってさ、最初から決まってるものでも、探すものでもないと思う。

そうじゃなくて、多分、がむしゃらに飛び込んでいって、歩き続けて、ふと振り向いた時に気づくもの。

見えない先にあるものじゃなくて、歩いてきた道が「運命」であれば、それでいいんじゃないかな。

運命感じたいならさ、部屋に引きこもってないで、外に出たり、勝負かけてみたり、なんか行動してみようよ。

ある日、玄関開けたら運命の人が目の前に立ってるなんて、ドラマみたいなことはそうそう起こらないんだから。

「良い出会いないかなぁ」ってハードル上げるんじゃなくて、普通の出会い方して、普通に恋愛してさ。

その恋人と乱れるくらい愛し合ってる最中に「あ、幸せかも、今」って思えたら、もう最高じゃん?

その時に、「運命」って勝手に名前つければいいんだよ。

あなたが幸せになったら、そんな言葉はいくらでも言えるから。

第2章

辛い恋を乗り越えて、幸せな恋がしたい

失恋をしてみて
自分にも心があるとわかった。
そして心の在《あ》り処《か》も。
ナイフで刺したわけでも
血が吹き出たわけでもないのに
痛む感覚がなかなか消えない。

もう一度、恋をしたいけど
あなたの幻影がそれを邪魔してくる

過去にひどい振られ方をして、男性恐怖症です。どうしたら、新しい恋に進めますか？

男性恐怖症になるって、よっぽどひどい振られ方をしたのね。

浮気？　ＤＶ？　それとも、人格否定系？

原因はわからないけど、よほどのクズ男に引っかかったってことだけは間違いないと思う。


でもね、ちょっと考え方を変えてみると、それって逆に幸運なことじゃない？

だって、あなたはもうハズレの正体がわかってるってことだから。

おみくじで言う「大吉」みたいな男ばかり引いてる人には、「凶」がどんなものかわからない。

これから出会ったら、「凶」の男だと見抜けずに付き合ってしまうかもしれない。

その結果、ひどく傷つくことになるかもしれない。

これまで経験してこなかったんだから、当然よね。アタリばかり引いてる人には、ハズレなんか見抜けないの。


でも、あなたはそうじゃないでしょ？

トラウマになるくらい傷つけられた経験があるんだから、ハズレの男の正体も、特徴も熟知してる。男が甘い嘘で塗り固めた上辺なんて、簡単に見破れるはず。

つまり、これからハズレを引かない可能性は、アタリばかり引いてる女よりあなたの方がずっと高いってことよ。

だから、落ち込むことも、不安になる必要も、まったくない。

「次はこういうこと言ってくる男には気をつけよう」とか、「ここで態度が変わる男はダメだ」とか、対策打ち放題の状態なんだから。

まぁ、それでもあなたがハズレばかり引き続けてるっていうなら、それはあなたの勉強不足だし、対処法も考え直さないといけない。

よく「男運が悪くて」とか言ってる子がいるけど（いわゆる「ダメンズウォーカー」ってやつね）、ちょっと頭弱いんじゃない？　って思っちゃう。

だって、同じ罠に毎回まんまと引っかかってるんだから。しかも、自分から引っかかりに行ってるって、そんなの、学習能力ゼロじゃない？

男ってね、一言で言うと「悪魔の化身」。いや、「悪魔」そのものだと思ってていい。

ほら、ホラー映画『エクソシスト』なんかでも、悪魔って最初は良い人を装ってるじゃない？

男も同じで「いい男」のフリなんて朝飯前。クズ男ほど、これがうまいのよ。

だから、いい恋をしたいと思ったら、アタリとハズレをきちんと見分けること。

アタリのフリをしてる男がいても、ちゃんとハズレだって見抜かないとね。

じゃあ、どうやったら見抜けるのかっていうと、もっと色んな男と話したり、触れ合ったりして、観察すること。

答えが服着て歩いてるようなもんなのに、なんで捕まえようとしないの？

他の答えを知りもせずに避けてるなんて、もったいない。一人二人ハズレだったからって、それで男を知った気になっちゃダメ。

また傷つけられたらどうしようって怖いのはわかるけど、試験勉強一回したくらいじゃ満点は取れないでしょ？

何回か受験してみて、落ちてみないとわからないことってたくさんある。

つまり、新しい恋に進むためには、新しい男とたくさん出会えってこと。その機会を自分から作りに行けってこと。

めげずにおみくじ引き続けてれば、世の中には「中吉」も「大吉」もいるってわかる日が来るよ。

そうそう、新しい男に出会うには、今までとは違う場所に行ってみるのもいい。

例えば、恋愛成就の神社とか。あそこって実は、最高の「出会いスポット」だと思うの。

だって、恋愛で幸せになりたい人が集まるわけだから、そういう者同士が出会えば、いい恋ができそうじゃない？

あ、私のフォロワー同士の恋愛も応援する！ ブラック0号室のアカウントの雰囲気が好きでフォローしてくれてる人たちって、きっと恋愛観も合うと思うから。

勇気を出してDM送ってみたら、仲良くなれるかもよ？

出会い系として使ってよね。

Q 大好きだった人を忘れられません。失恋から立ち直る方法を教えてください。

はい、ズバリ「連絡を取るな」「相手のSNSを見るな」「思い出の品を捨てろ」「楽しいことは次から次にやれ」。

まず、これらを一つも守れてないんだったら、嘆くのはやめましょう。

人って複雑そうに見えて意外と単純で、終わった恋を薄めるには、記憶を上書きするしか方法はない。

絵の具で塗って塗って、元の絵が見えなくなるまで上塗りしまくるしかないんだよ。

忘れられないってさ、もしかしたらワンチャンあるかもって思ってるからじゃない？　もしかしたら、また付き合えるかも！　って。

そう思ってるなら、思う存分アタックしたらいい。

例えば、欲しい服があって、買いそびれちゃったけど、どうしてもあきらめきれないことってあるでしょ？　それって、どこかの店にまだ置いてあったり、ネットや古着屋で買えるかもって思ってたりするからじゃない？

でも、その服がもう生産終了になってたり、転売されてめっちゃくちゃ高額になってたりしたらどう？　あきらめるでしょ？

それと一緒だと思うんだよね。自分では納得できてないから、まだチャンスがあるかもって考えちゃう。

だから、自分の納得がいくまで、とことんアタックしておいで。

それでまた付き合えるか、本当に嫌われてしまうかは、あなたのテク次第だけど。可能性は一つひとつ潰していかないと、いつまでたっても振り切れないから。

それから、「無理に忘れようとしない」こと。

失恋した時の喪失感ってすごいじゃない？

景色がモノクロに見えたり、仕事が手につかなくなったり、もう生きていけないって極端なことまで思ったりしちゃう。

でも正直、これを解決してくれるのは「時間」しかないと思う。

「男を忘れるには次の恋」とか言うけど、誰かを忘れるために他の人と付き合っても、そこに求めてるものはない。


ちなみに、ワンナイトも同じね。

寂しさを紛らわせたくて、どうでもいい男と寝ちゃう子って多いけど、そんなにお前の価値は安いのか？　って話。

男の性欲満たすために体与えるって、ファミレスのパスタくらい安いじゃん。

それでもし、病気になったり、妊娠したりしたら、その代償は高くつくよ。

それを払う覚悟があるなら経験してみてもいいけど、誰のせいにもできないよってことはわかっておいてね。

結局さ、無理に抗ってもしょうがないのよ。失恋直後は確かに死ぬほど辛いかもしれないけど、他の男に行くよりも一回ちゃんと落ち込んだらいい。

でさ、ちょっと動けるようになったらまたいつも通り、自分が楽しいと思うことをやればいい。毎日楽しいことしてれば、そのうちに自然と忘れられるよ。

それと、恋をすることだけはやめないでほしい。

失恋で一番怖いのは、恋愛から遠ざかってしまうこと。

その失恋が辛ければ辛いほど、次に進むのが怖くなったり、めんどくさくなったりするけど、人を好きになるってとっても素敵なことだから。

すぐに切り替えられなくていいから、次の恋に向かって行動することはあきらめないでね。

今あなたが「この人いいな、幸せそうだな！」って思う人も、ちゃんと傷ついて、それでも幸せになる努力を続けてきた人だと思うから。

3万人に聞いた！ 男の本音

気になる恋の疑問を、ブラック0号室のフォロワーに質問！

ブラック0号室

元カノと復縁したいと思うのはどんな時？

彼女がつけてた香水の匂いがした時

思い出の品が出てきた時

思い出の曲を聞いたり、思い出の場所に行ったりした時

たまたま着信履歴で名前を見かけた時

嬉しい出来事をもう伝えられないって気づいた時

連絡が取れない時

眠れない夜

セフレに手を出した時の虚しさ

離れて初めて、彼女の愛のデカさに気づいた

今の彼女とどうしても比べてしまう時

他の男と楽しそうに話してる時

SNSで元カノと恋人のラブラブな写真を見た時

ブラック0号室　元カレが連絡してくるのは、基本ヤリたい時。でも復縁したいなら、簡単には会わないこと。制御不能な女になってみて。

戻りたい過去より
誰かと過ごしたい
未来に視線を向ける

今幸せそうな人たちは
皆そうしてきたから

いつもすぐに飽きられて振られます。恋が長続きする方法を教えて！

「飽きた」って、最大のディスりよね。「もう魅力ないんだよ、お前」って言われちゃってるようなものだもん。

でも、答えはもう出てる。飽きられないためには、魅力を持続させればいいって話だから。

まず、付き合うに至ってるってことは、それなりの見た目は持ってるってことだから安心していい。

ただ、長続きしないってことは中身がまだまだ未熟ってこと。

束縛するタイプなのか、尽くしすぎちゃうタイプなのか、ワガママなタイプなのか、重すぎるタイプなのか、求めすぎてしまうタイプなのか。はたまた性格に難ありなのか、男性に対しての固定観念が強すぎるのか、結婚願望がありすぎるのか。

何かしら、あなたの中身に原因があるんだと思う。

恋ってディズニーランドみたいなものよね。あそこに行くと、入り口の雰囲気からして、これからどんな楽しみがあるんだろうってワクワクするじゃない。で、園内に入ると夢の国が広がってて、細かいところにも好奇心くすぐるような仕掛けがあって、ずっとこのまま遊んでいたい！　と思わせてくれる。

これって恋愛に似てると思わない？

入り口＝見た目＝相手に与える印象。
園内＝内面＝飽きさせない工夫。

見た目の印象が良ければ、当然、中身に対する期待値も上がるけど、入り口はすごい豪華なのに、中に入ってみたらメリーゴーランドしかなかった、なんて残念すぎるよね。**美人だけど中身はすっからかんだった、みたいな。**

それを知った男は拍子抜けして、こんなの詐欺じゃねーかよ！ って幻滅しちゃう。


これがすぐに飽きられて振られる原因。


要は、飽きられたくなかったら内面を磨けってこと。

恋愛って、加点方式か減点方式かのどっちかだけど、見た目から入る恋は、減点方式にしかならない。

見た目がいい女ほど、その後のハードルは上がるってこと。

外側を磨きながら、内面の充実も同時進行でやらないと、半年持たないと思うよ。「美人は3日で飽きる」んだから。


飽きられない女になる方法は色々あるけど、結婚したくなる女はどんな女かな？　って考えてみたらいいかも。

例えば、料理がうまいとか、世間のマナーやルールをちゃんと知ってるとか、言葉遣いがキレイとか、気遣いができるとか。いつも明るくて一緒にいるだけで気分が上がる、とかね。

手札は多ければ多いほど、加点されていく。

まぁ、でも一番大事なのは、相手に対する「思いやり」かな。

一緒にいる時間が長くなればなるほど「されて当たり前」「いて当たり前」になりがちだけど、どんな時でも感謝の気持ちを忘れず、弱った時は優しくしてくれる女がいたら、男はずっと大切にしたいと思うものよ。

あ、最初はできても、大体3か月経つと安心するようになって、気を抜くとボロが出始めるから要注意ね。


それから、絶えず新しい面を見せていくことも大事。

これは結婚してからも言えることだけど、やっぱり新鮮味がなくなるとマンネりは避けられないから。

ずっとルーティンみたいな生活してると刺激がないし、人間的成長もない。そうなると、話してても楽しくないから会話もどんどん減っていっちゃうよね。

魅力的な女でい続けるには、仕事でも趣味でもいいから、絶えず新しいことに挑戦した方がいいと思う。

彼と二人で違う環境に飛び込んでみるのもいいわね。

旅行に行って、普段とは違うことをしてみたら、「あ、こんなの好きなんだ」って彼の好きなものが再発見できたり、キレイな景色を見て感動を共有できたりする。

二人の思い出が増えれば、話題もつねに新鮮なままでいられるよ。

お互い気持ちが冷めつつありますが、ズルズル3年も続いています。もう適齢期だし、このまま結婚するべき？

うーん。第三者から言わせてもらうと、今は戦国時代ですか？　って話。政略結婚しなくてもいい世の中なのに、なんでわざわざ好きじゃない人と一緒にならなきゃいけないのかな？

長く付き合ってる相手と別れられない人って多いけど、理由は2パターンある気がする。

一つは、「彼以外から愛される自信がない」ってやつ。「また一から恋愛するのがめんどくさい」と言い換えてもいい。

3年も同じ人と一緒にいたら、恋愛の仕方を忘れちゃってるかもしれないし、長くいられるってことは居心地はいいんだろうから、それを失うことに対する恐怖もあると思う。足がすくむのも無理はないわ。

でも、それってもったいない。

せっかく女に生まれてきたのに、「愛される権利」を放棄してるってことだから。

今彼がいるなら、人から「いいな」と思われるポイントはあるって証拠。

また彼みたいなタイプの男性にモテたいなら、今の人を離しても同じような人はまた寄ってくるから、安心して次に行けばいいわ。

もっといい男を捕まえたいっていうなら、自分の女レベルを上げる努力をしないとね。

今付き合っている人って、自分を映す鏡だと思うの。つまり、寄ってくる男は、今の自分に釣り合う同レベルの男だけってこと。

もっと上を狙いたいなら、お金かけて努力して、自分もいい女になることね。

もう一つのパターンは「別れると彼がかわいそう」ってやつ。

自分は冷めてるけど、彼は好きでいてくれてる場合は、なかなか別れを切り出せないよね。

でも、それって偽善者気取りなのかなぁと思う。

彼も多分、あなたにもう愛されてないことは感じ取ってる。

自分のことを好きでもない人と一緒にいるって、相手も幸せじゃないし、それこそかわいそうじゃない？　お互いに苦しめあってどうするのよ。

気持ちが冷めてしまったなら、正直にそれを伝えて別れるのが本当の優しさ。

無駄に期待させるのはやめて、お互いの幸せのために別々の道を進むことをオススメします。

まぁ、それでも彼と結婚したいって思うなら、また好きになる努力をしてみることね。

情があるなら、また好きになれる可能性も残ってるはずだから。

付き合い始めみたいな「ときめき」が欲しいなら、自分で作ればいい。

こうされたらキュンとするってことを彼にしてもらうとか、彼に自分の好きな服を着てもらうとか。

彼をプロデュースして、理想の彼氏にしちゃいなさいよ。


もちろん、相手に求めるだけじゃダメで、長く一緒にいるためには、自分も好きでいてもらうための努力をしないとね。

裸でその辺ウロウロしないとか、下着に気を遣うとか、彼の前でおならしないとか。最初の頃みたいな恥じらいを、あなた自身も忘れてない？

それを持てれば、また新鮮なドキドキが味わえると思うよ。

彼にまた「可愛い」って言ってもらえるように、髪型やメイクを変えてみるのもいいね。キレイになったら、他の男からもモテちゃうかもだし。

あ、嘘でいいから「デートに誘われちゃった～」とか言って、彼の反応を見てもいい。

男って自分の彼女がモテるのは嬉しいから、優越感に浸れると思うし、彼女が他の男に取られるかもって思ったら、安心しきってた彼も危機感を感じるかも。

ちょっとした危機感は、恋のスパイスになるから、彼もあなたを大事にするようになるんじゃない？

それでも何も変わらないようなら、本当に次の男に行けばいいわ。


とにかく、ときめかない男とずっと一緒にいるのは時間がもったいない。

これから年を取ればシワやシミができるし、肌のハリだって失われていく。

どんどん男に見た目で選ばれるのが難しくなっていくんだから、イバラの道を進んでる暇はないよ。

本気の恋愛は
めちゃくちゃ傷付く
だからもし君が

めちゃくちゃ傷付いていたら
本気で人を好きになれた
証拠だろ

――マジで、素敵だよ。

恋人と別れたいです。正しい別れ方ってあるの？

別れたはずなのに、いつまでも連絡が来るとか、相手がストーカーになっちゃうとか。元カレトラブルに悩まされる人って本当に多いよね。

正しい別れ方をできていない人が多いから、困ってる人の数も増え続けてる。

きっと気を遣いすぎる日本人ならではだと思うけど。

正しい別れ方って要は、悪い別れ方をしなければいいってこと。

ここでは「悪い別れ方」５パターンを紹介しておくわね。

①まだ好きだけど……ワンチャン匂わす系

まずは、「好きなのに、何かの理由で別れなければいけなくなった」場合。遠くに引っ越さなきゃとか、親に反対されたとか、自分の気持ちとは関係ないところで別れなきゃいけないこともあるわよね。

このパターンの悪いところは、相手に「また機会があれば復縁できるかも」と思わせてしまうこと。

離れなきゃいけない理由だけを伝えると、相手は「両想いなんだから、無理に次に行かなくてもいい。ずっと待ってよう」と思うかもしれない。

それって、相手の行動を制限することになるよね。

別れるって決めたなら、復縁する気はないことまでちゃんと伝えてあげましょう。

②楽しかった、感謝してる……いい元カノ、元カレ演じる系

「一緒にいて、すごい楽しかったよ」「ずっと感謝しているよ」。

最後にいい人を演じるタイプは、相手をストーカー化させる確率大ね。

自分が悪者になりたくない、相手に自分を好きなままでいてほしいって気持ちもわかるけど、最後の印象を良くすればするほど、相手はあきらめられなくなる。

新しい人ができたとしても、いつまでも元カノ、元カレと比べちゃう。

すると、またアプローチされることになる。断ってもしつこく連絡してきたり、つきまとわれたり。ストーカーみたいになっちゃうヤツも多いよね。

そんな恐怖を味わいたくなかったら、いい人なんか演じないで、きっぱり別れることをオススメするわ。

③浮気しちゃってごめんね……相手の自信をなくさせる系

それから、別れる原因が自分の浮気とか、相手を傷つけちゃう系のパターン。

これをされた方は、プライドが傷ついて自信をなくす。

次の恋をするのも難しくなっちゃうよね。

こんな別れ方すると、ひどい嫌がらせをされることもあるから要注意。

④メール、電話でお別れ……モヤモヤ系

別れを告げる時に、メールとか電話で済ますって人。感心しないわね。

相手に言い分があったり、怒りをぶつけたかったりしても、無視されたらそれで終わりだから。

会って顔を合わせるのが気まずいってのは、あくまでこっちの都合。最後にちゃんと話し合って、お互い納得のいく形にしないと、相手にはいつまでもモヤモヤが残っちゃう。

そんな相手を苦しめる別れ方は絶対にダメね。

⑤音信不通……あきらめきれない系

一番最悪なのは、音信不通にしてそのまま自然消滅ってパターン。

これをされると、相手はいつまでもあきらめきれなくなっちゃう。確認することも、文句を言うこともできないって、相当ストレスが溜まるよね。

こんな別れ方ができるヤツは、かなり自分勝手。相手が苦しもうと、どうでもいいと思ってるってことだから、何回も繰り返す可能性がある。

今までしてきた人は、これを機に反省することね。

いい？　別れた後でトラブルに巻き込まれないようにするためには、こういう「悪い別れ方」をしないこと。

色んなパターンがあるけど、別れるっていう行為をしてる時点ですでに相手を傷つけてるんだから、もうこれ以上傷つけないようにしようって意識を持つことが大事。

自分が良ければそれでいい、自分だけ楽になって終わりって考えは最悪。

そうやって相手の気持ちを無視して苦しめるやり方してると、必ず自分に返ってくるから。

ＬＩＮＥや電話が何年も来続けたり、家に来られたり、下手するとリベンジポルノされたり。

そんな怖い思いをするのは嫌でしょう？
相手が逆上したら何をされるかわからないけど、警察はそんな簡単には動いてくれないんだからね。

自分が悪者になりたくないとか、相手に嫌われたくないとか、相手を傷つけたくないから変に優しさ見せるとか。
そういうのが別れをこじれさせる。

本当の優しさは、相手が自分に未練を残さずに、次の恋に進みやすくしてあげること。
もうあなたとは付き合えないから、早くもっといい人を見つけてねって言ってあげること。

自分を大事にしたいなら、別れの瞬間だけは一切の優しさを見せずに、相手の気持ちを完全に途絶えさせてあげなさい。

5万人に聞いた！ 実録！ 女の本音

気になる恋の疑問を、ブラック0号室のフォロワーに質問！

ブラック0号室

過去に付き合った最低な男は?

ヒモ男。財布を出さない

ギャンブル依存

アルコール依存

モノやヒトに当たる

逆ギレする

女好き

浮気癖。二股、三股、四股も…

飽き性。すぐ仕事を辞める。すぐ気持ちが冷める

亭主関白。機嫌をとるのが大変

ドタキャン。しかもゲームしたいからって理由

マザコン。お母さんに別れなさいと言われたという理由で振られた!

モラハラ

束縛。友達と遊ぶのにも、許可が必要

「一生のお願い」って言葉を何回も使う

ブラック0号室　こういう男と付き合うのは絶対に反対。今すぐ別れよう。セックスもしちゃダメ。ダメ男とのセックスは、後悔を生むだけだから。

第3章

不安で切ない片思い

片思いと両想いの間には、
スカイツリーよりも
大きくて高い壁が存在するのね、
知らなかった。

好きな人に「友達」「妹（姉）」としか見られません。どうしたら恋愛対象になれる？

女として見てもらえないってことは、相手の理想像とあなたがかけ離れてるのかも。

それだとなかなか目を向けてもらえないから、まずは相手のツボにハマることを最優先した方がいいね。

彼の好きなタイプを探って、それに近づく努力をしてみて。

それから、一番のポイントは「特別感」を演出すること。

友達とか妹に見られてるってことは、相手もかなり気を許してる証拠だと思うけど、逆に言うと、安心しきってるんじゃない？

ちょっと厳しいこと言うと、別にあなたじゃなくてもいいのかもね。その他大勢の一人になっちゃってるとか。

いつでも会えるって思うと、一緒にいることが当たり前になっちゃうから、繋がりを薄くしてみるのも一つの方法。

今、頻繁に連絡を取ってるなら、自分から送るのをやめるとか、ご飯に誘われても二人きりじゃないなら断るとか。これまで押し続けてきたなら、一回引いてみて。

その間に他の男と仲良くしたり、「今、気になる人がいるんだ」なんてカマかけて、嫉妬させるのもいいね。恋愛は心理戦でもあるから。

で、一回引いたら、今度は女として意識してもらうためのアプローチをする。

例えば、二人で会う時に、普段とは違う格好をしていくとか、彼が鎖骨フェチだったら、そこを意識的に出していくとか、ね。

「あれ？　今日いつもよりなんか可愛くない？」なんて言わせたら勝ち。

そこで「今日はあなたに会うからオシャレしちゃった」って答えれば、彼はあなたを女として意識するはずよ。

あとは、彼の興味のある分野について調べておいて、それとなく話題に出すのもいいね。

何も告白だけがアプローチじゃない。「好き」って言わずして伝える方法もあるの。

大事なのは、相手の「都合の良い存在」にならないこと。

プレミア感出してみたら、彼もあなたの存在の大切さに気づくかもよ？

3万人に聞いた！ 男の本音

気になる恋の疑問を、ブラック0号室のフォロワーに質問！

ブラック0号室

今まで女性にされてグッときたアプローチは?

ストレートに「好き」って言われる

ボディータッチ

上目遣い

ハグ

不意にキス

電車で寄りかかってくる

「まだ帰りたくないなー」

いつもはそっけないのに、二人きりの時に
めちゃくちゃ女の子になるギャップ

なんでもない日に急に遊びのお誘いがあった時

目が合ったらめっちゃ笑顔で駆け寄ってきてくれた時

家に行ってご飯作ってあげるって言われた時

しんどい時に電話してくれて、家まで来てくれた

「○○の彼女になれる子は幸せやね」って言われた

ブラック0号室　今すぐ使える「男を落とす」ノウハウ集。本命の相手にやってみて。

既婚者（彼女持ちの人）を好きになってしまいました。あきらめるべき？

これはね、やめておけって言いたいところだけど、そうも言いきれない。

好きになってしまったのは仕方のないことだし、こういう経験をしたことがある人は古今東西、山ほどいる。

心を持っている限り、好きな気持ちは誰にも止められないよね。

それに、すでにパートナーがいる人が全員幸せかって言ったら、そうとも限らない。

愛が冷めてる夫婦もいるし、ＤＶされてて逃げたいって人もいるしね。

まぁ、それでも相手がある人と一緒になると、世間からは「略奪」って言われちゃう。

そもそも「略奪」って一方的な見方だと思ってるんだけど。あなたが誰かの夫や彼氏と一緒になるとしたら、それは「略奪」じゃなくて「共犯」だよね。

彼は物じゃないし、自分の意志で動いてるわけだから。

それなのに、略奪される側が「被害者」みたいになるのはおかしいじゃない。

一番悪いのは男なのに、なんで、あなただけが悪者扱いされなきゃいけないの？

とは思うんだけど、**世間から悪者扱いされることは理解しておいた方がいい。**

それでも一緒になりたいなら、アタックすればいい。相手が結婚してないんだったら、そんなにリスクもないしね。

あなたの気持ちを受け入れるかどうかは、相手の男が判断すればいいこと。告白してダメなら、あきらめもつくじゃない。

まぁ、彼が既婚者の場合は、相手の妻に慰謝料を請求されることも覚悟する必要があるけど。

数百万円払っても愛する覚悟があるなら、彼と一緒になればいいんじゃないかな。あ、彼にその気がない場合は、ちゃんと引いてね。あなただけが勝手に舞い上がってる場合は、ただの危ないヤツになっちゃうから。

一番厄介なのは、「妻とは離婚するから待っててくれ」みたいなタイプよね。こういう男は、どっちも好きだから保険かけてるクソずるい男。実際には妻とは別れる気がない可能性も高い。

「私と一緒になりたいなら離婚してからにして」って言えれば、それが一番いいわね。

いつまで経っても煮え切らないようなら、相手の家庭に乗り込むのもアリ。そこで相手の反応を見れば、どっちが本命なのかわかるから。

もう100か0かだから、本気でケリをつけたい時は、これでキレイに片が付くと思う。

どっちの道を取るのも自由だけど、一つだけ覚えておいてほしいのは、「あなたが得るってことは、誰かが失う」ってこと。

もしどうしても彼と一緒になりたいのなら、そのカップルがうまく行っていない場合だけ！

あなたの好きな人が、妻や彼女に一切の恋愛感情を持っていない場合のみにした方がいい。

まだ好きって感情を残している相手からは、どうか奪わないでください。

自分の身に置き換えてみて。お腹を痛めて産んだ子を奪われる気分と同じだと思わない？

それに、自分が「かわいそうな奥さん」になる可能性も考えておかなきゃね。

自分がやったことは、いずれブーメランになって返ってくる。また彼が別の女と浮気しても、文句は言えないわよ。

好き過ぎて辛い！じゃなくて

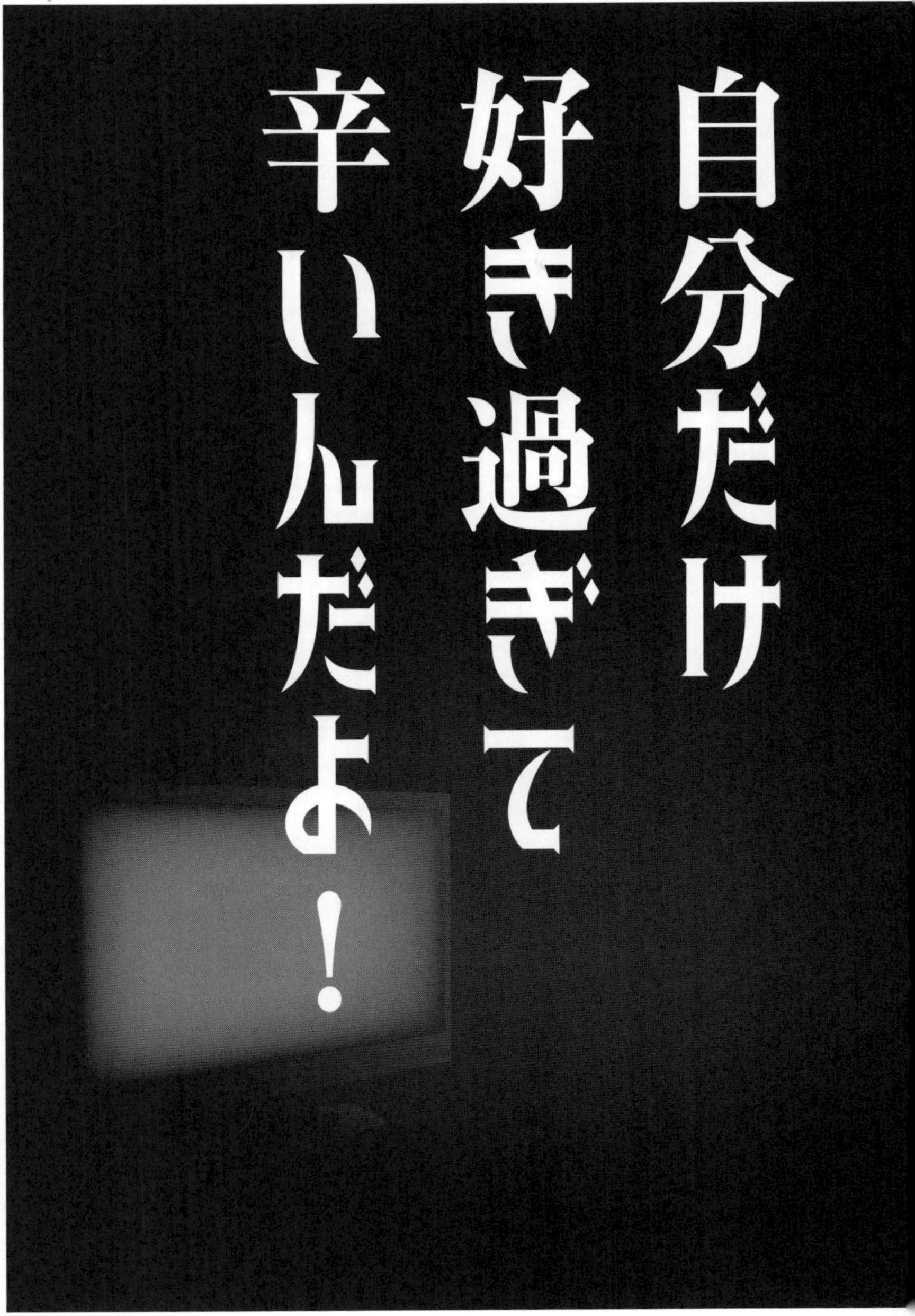
自分だけ
好き過ぎて
辛いんだよ！

いい感じになっている男性に、告白してほしい！コクらせテクニックはありますか？

男が一番告白したくなるのは、「この人を他の男に取られたくない！」と思った時。

だから、そう強く思わせる状況を作ってあげるのがいいんじゃない？


今いい感じってことは、あなたがすでに手の届く距離にいるってこと。

でも、今の関係に満足してたら、別に付き合わなくてもいいやって思っちゃう男もいるのよね。

だから、ちょっと離れてみる。つまり、「手に入りそうで入らない」距離に移動すればいい。

例えば、急にそっけなくするとか、デートに誘われても一回断ってみるとか。あ、ＬＩＮＥを延々と続けてるんだったら、まずそれやめよう。簡単に繋がってられる手軽な女になっちゃうから。

次の日もやり取り続けたいからってわざと寝たふりして、次の日に持ち越す人がいるけど、そういうことしてるとだんだん特別感がなくなっちゃう。

そのうちに、いつでも繋がれるから別に返さなくていいか〜って既読スルーされたり。

そうなると、告白したいとは思わなくなる。ほどよいところで終わらせて、余韻持たせるくらいがちょうどいいのよ。


あとは、やっぱり嫉妬させる作戦は有効だと思う。

最近、仲良しグループの飲み会によく行ってるって嘘をついてみるとか。

そこに仲が良い男性がいるって言った日には、相手は焦りますよ。

お酒が絡むなら、なおさら。男って、気になる女子がお酒の席で他の男性陣と飲むっていうのを極端に嫌うから（自分は平気でするのにね）。
だから、「付き合ったら私を独り占めできるよ」って思わせるの。

それから、彼がゴールを決めやすいようにパスを出してあげるのも大事。
誕生日とかイベントが近かったら、「来月、誕生日だよ。お祝いしてよ～」「クリスマス、一緒に過ごそうね」って言っておくと、彼がその日に告白しようって計画してくれるかも。

「友達が最近、付き合ったんだって～。いいなぁ、憧れる」って幸せな話題を出しておくのもいいし、カラオケとかドライブデートの時に、恋愛ソング歌うのもいいよね。

密室で二人きりだとそれだけでドキドキするし、そこで片思いの気持ちとか歌われたら、絶対意識すると思う。

シンプルに「いつ言ってくれるの～?」「そっちから言ってほしいな」「私のこと、好きでしょ?」なんて言っちゃうのもアリだけど。

直球で来てくれたら可愛いと思うし、彼もゴール決めたくなっちゃうかも。

そうそう、とっておきは、デートの帰り道。

男って、一番気持ちが盛り上がってる時に行動に移せる人が多いんだけど。

デート終わりのいい雰囲気で「離れたくないなぁ」「このままずっと一緒にいたいね」なんて言われたら、めちゃくちゃグッとくると思う。

個人的に好きだったのは、「夜の散歩しようよ」ってやつ。ちょっと酔っちゃったから、電車一駅手前で降りて、一緒に歩きたいって。

その後どうなったかは……想像に任せるわ。

彼と付き合いたい！　でも、今の友達関係が崩れるのが怖くて告白できません。

これは、男友達を好きになっちゃった時あるある、よね。

告白したら最後、二度と今の関係には戻れないかもって思ったら、簡単には言い出せない気持ち、わかるわ。でも、ずっと想いを秘めて友達のフリしてるのも、なかなか辛いよね。

まず、「絶対に彼と付き合いたい！」って思うんだったら、勝率が高いってわかってから告白すべきだと思う。

つまり、相手も自分のことが好きなら告白するってやつ。

周りの友達に「彼、好きな人いるのかな？」「私、いけると思う？」ってリサーチしてみたら、いいアドバイスがもらえるんじゃないかな。

そういう友達がいなかったら、彼に直接探りを入れてみる。「今、彼女いるの？」って、まずはストレートに。

すでに彼女がいるんだったら、告白したところで成功率はゼロに等しくなっちゃうからね。

いないってわかってるんだったら、「どのくらいいないの？」「どんな子が好きなの？」って、気になる質問をどんどんぶつけていく。

とにかく、相手が自分をどう思ってるのか、気持ちをはっきりさせておくの。

仕事でもなんでもそうだけど、成功率上げたいんだったら、データ集めからしっかりやるのが鉄則よ。

リサーチしてみて、向こうは恋愛感情持ってなさそうだなってわかったら、好きって気持ちは秘めておいてもいいと思う。

成功率が低いってわかってるのに突っ込むって、無駄死にするのと一緒じゃない？

それでも我慢できなくて、とにかく気持ちを伝えたい！　っていうなら止めないけど、元の友達関係に戻るのは難しくなるよね。

関係を崩したくない、が最優先なら、一回冷静になってもいいんじゃない？

時間が経てば、彼の気持ちが変わることもあるかもしれないし。

彼もどうやら私のことが好きっぽい。これはいけそう！　ってなったら、もう告白しちゃえ。

ただね、ここで言っちゃダメなのが「付き合ってください」って言葉。

なんで？　告白の王道のセリフじゃん！　って思った？

確かにそうなんだけど、これを言っちゃうと、答えは「YES」か「NO」にしかならない。

もしNOだった場合、友達にも戻れないことが確定しちゃうと思うのよね。

それってリスクが高すぎる。

だから、一回目の告白では決定的な言葉は避けた方がいい。

じゃあ、何て伝えるのがいいかって話だけど。最初は、相手に好きって気持ちが伝わるくらいでいいのかな、と思う。

「実は、前から気になってました」くらい弱めのパンチでも、十分効果はある。それをきっかけに、彼もあなたのことを意識するようになるはずだから。

友達に戻るための道筋も残しておくためには、重くならずにソフトな感じで伝える。ただ「好きだよ」って感じで、軽く、ぽろっと。

大事なのは、相手に何も求めないことよ。

「好きだけど、何も求めないです。勝手に好きでいますね」ってスタンスで、なんか宣言、みたいな（笑）。

そこからどうするのかは、彼に委ねちゃうの。

向こうが友達のままでいたいと思ったら、軽く流すだろうし、両想いだったら、向こうからも告白してくれるはず。

ここは賭けになるけど、「付き合って」って言われるよりは、相手も気が楽よね。で、「ちょっとよく聞かせてよ」って相手が食いついてきたら、「恥ずかしいから自分で考えて」くらいに返しちゃえ。

昨日まではただの友達だったのに、明日からは「特別な人」になってるかもしれない。

恋の始まりって、どこに落ちてるかわからないから面白いよね。

一度告白するって決めたなら、バッドエンドは考えないことよ。

終わりばかり考えてしまうのは悪いこと。そんな妄想、誰が決めた結果なの？

どうせなら、明るい未来描いていこうよ。

5万人に聞いた！実録！女の本音

気になる恋の疑問を、ブラック0号室のフォロワーに質問！

ブラック0号室

体から始まった関係。そこから本命になれた方法は?

何回振られても、めげずに気持ちを伝え続けた

中身を磨く

女性らしくなる、綺麗になる

Hの時に大好きって伝えまくる

Hの途中でやめる

答えをくれるまでHしない

求めすぎず、与えすぎない

一旦引いてみる

ブラック0号室　本命になりたいなら、「焦らし作戦」が有効ってことね。で、体以外の魅力をアピールできれば「本命彼女」になれるかもよ?

好きな人は10歳年下。年齢差を考えると、付き合うのを躊躇してしまいます。

基本的に、恋をするのに年齢は関係ないと思ってる。**何歳になっても恋をしていいいし、どれだけ年下の人を好きになっても、何十歳年上の人を好きになっても、全然問題ない。悪いことなんか、一つもないよ。**

ただし、どちらかが年の差を感じてしまっていて、それがストレスや不安につながってるんだったら、同年齢の相手か、もう少し差がない相手を見つけた方がいい。

その方が、お互いにとって幸せな恋になると思うから。

結局、その人とどういう人生を歩んでいきたいかによるんだよね。それはあなた自身にしかわからないことなんだけど。

まぁ、恋愛なら何も気にする必要はないけど、結婚相手ってなると、年齢はやっぱり考えちゃうかもね。

特に子供が欲しいと思ってるんだったら、女性にはどうしてもタイムリミットがあるわけだから、相手選びは慎重になった方がいいと思う。

結婚相手として相応しい人を選んでおかないと、女として一番キレイな時間を無駄にすることになるかもしれないから。

例えば、彼が10歳以上年上だったら、老後のことも考えておかないとね。

今はいいけど、近い将来、彼の介護をしなきゃいけなくなるかもしれないじゃない？

ちょっと夢はなくなるけど、「この人のこと、介護できるかな？」ってリアルな視点を持っておくのは大事なことだと思う。

自分が年上の場合は、彼の母親役にならないことかな。

年下の彼は可愛くて、なんでもやってあげたくなっちゃうけど、それだと妻じゃなくて「お母さん」になっちゃう。

そういう関係が理想っていうならいいけど、彼に女として見られなくなっちゃうのは、ちょっと悲しいじゃない？


あと、「彼の一番輝いてる時間をもらってる」って感覚は持っておいた方がいいかも。

若い時の時間は、もう二度と戻ってこないものだから。

私がよく知ってる夫婦は奥さんが年上なんだけど、旦那さんが24歳の時に付き合い始めて、27歳で結婚したの。

それで彼女、こう言ってたのよね。

「彼の一番いい時期を私が奪っちゃったから、ずっと好きでいてもらえ

る努力をしようと思った」って。

これは素敵な考えだなぁと思った。

自分の方が年上だからって何も責任感じる必要はないし、彼も自分で選んで彼女と一緒になってるんだからそれでいいんだけど、若い時間をくれた分だけ自分も努力して、相手を幸せにしようって思えるのは、やっぱり素敵よね。

こういう夫婦はずっとラブラブでいられると思う。

誰かの
一番目になるのって
こんなに

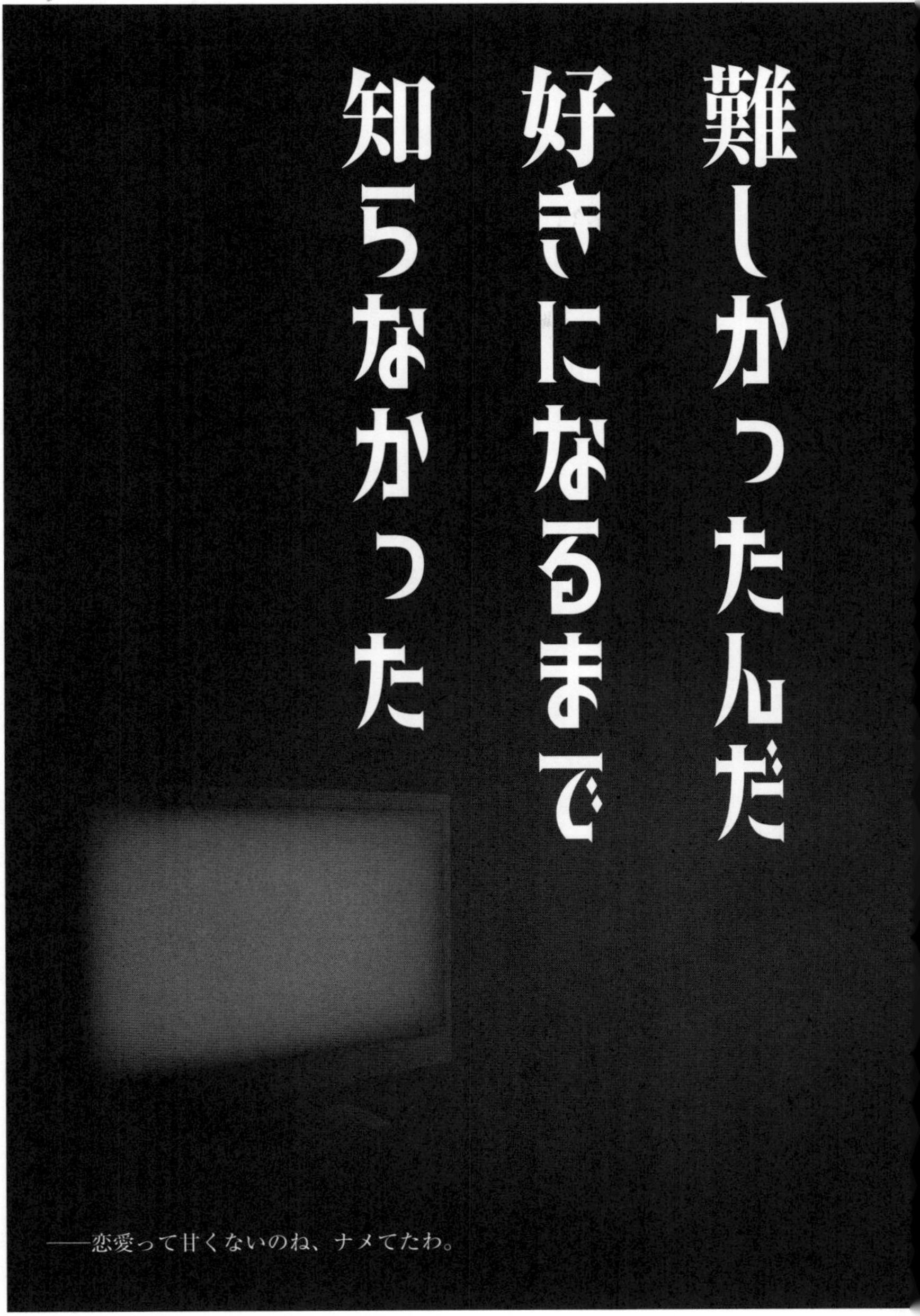

難しかったんだ
好きになるまで
知らなかった

――恋愛って甘くないのね、ナメてたわ。

社長と平社員、先生と生徒……身分違いの恋ってうまくいくの？

パターンは色々あるけれど、まずは相手が社長とか医者、弁護士、社会的地位が高い人の場合。芸能人とかスポーツ選手なんかもそうね。

基本、誰を好きになってもいいけど、この場合、ライバルが多いってことはわかっておこう。

相手は女を選び放題だから、それ相応の努力をしないと本命になれなかったりするのよね。

大切にしてもらえないとか、実は一番じゃなかったとか、簡単に振られたとか、よく聞く話。別れたら嫌がらせされて、会社を辞めなきゃいけなくなった、なんて最悪なケースもあった。

まぁ、そんなみみっちい、ミジンコ男とは付き合わない方がいいんだけど。

それから、こういうタイプの男はプライドも高いから、構ってちゃんタイプの人は、まずうまくいかない。

昭和の女みたいに、男を立てられるサポートタイプになれるなら、向いてるんじゃない？


あとは、相手が有名人だったり、先生だったり、あるいは既婚者だったり。自分と付き合ってることを隠さなきゃいけない立場の場合も覚悟が必要ね。

手を繋いで街中を歩いたり、ＳＮＳに二人の写真を投稿したり、みんなの前で下の名前を呼んだり。そういう、普通のカップルなら当たり前にできることを全部あきらめなきゃいけない。

もしバレたら、彼は社会的地位を失うかもしれないリスクを背負ってあなたと付き合ってるんだから、そのことを理解してあげないとね。

普通に楽しい恋がしたいなら、そういうハードル恋愛はオススメしないかな。

友達カップルが当たり前にできてることを、自分は我慢しなきゃいけないって、思ってるよりしんどいし、辛いことがあっても、友達に相談もできないんだから。これ、まあまあな地獄よ。

それでも彼と付き合いたいっていうなら、堂々とハードルを乗り越えたらいい。ただ、二人の中でルールは決めておいた方がいい。そして、お互いにちゃんと守ること。隠し通すって決めたなら、それを徹底することね。

あまりに相談が多いから書いておくけど、先生との恋に悩んでる人は特に注意してね。

先生の方から誘ってくることもあるかもしれないけど、もしあなたが未成年だったら、最後の一線だけは超えないようにしなきゃ。二十歳になるまで待ってくれないようなら、その先生はあなたとの将来なんか考えてないよ。

そんな人のために、10代でしか経験できない楽しい恋愛をあきらめる必要はないわ。

郵便はがき

お手数ですが
切手を
お貼りください

150-8482

東京都渋谷区恵比寿4-4-9
えびす大黑ビル
ワニブックス 書籍編集部

お買い求めいただいた本のタイトル

本書をお買い上げいただきまして、誠にありがとうございます。
本アンケートにお答えいただけたら幸いです。
ご返信いただいた方の中から、
抽選で毎月5名様に図書カード(1000円分)をプレゼントします。

ご住所 〒

TEL(- -)

(ふりがな)
お名前

ご職業

年齢 歳

性別 男・女

いただいたご感想を、新聞広告などに匿名で
使用してもよろしいですか？ (はい・いいえ)

※ご記入いただいた「個人情報」は、許可なく他の目的で使用することはありません。
※いただいたご感想は、一部内容を改変させていただく可能性があります。

●この本をどこでお知りになりましたか?(複数回答可)

1. 書店で実物を見て　　2. 知人にすすめられて
3. テレビで観た(番組名:　　)
4. ラジオで聴いた(番組名:　　)
5. 新聞・雑誌の書評や記事(紙・誌名:　　)
6. インターネットで(具体的に:　　)
7. 新聞広告(　　新聞)　　8. その他(　　)

●購入された動機は何ですか?(複数回答可)

1. タイトルにひかれた　　2. テーマに興味をもった
3. 装丁・デザインにひかれた　　4. 広告や書評にひかれた
5. その他(　　)

●この本で特に良かったページはありますか?

[　　]

●最近気になる人や話題はありますか?

[　　]

●この本についてのご意見・ご感想をお書きください。

[　　]

以上となります。ご協力ありがとうございました。

迷った時には、相手の「行動」が優しさを語ってくれてるかどうか、よく見ること。

彼の本気をちゃんと見極める目を持っておいてね。


そうそう、ルールと言えば、社内恋愛してる人もちゃんと守ってよね。

仕事中に二人の世界に入られたら、周りはえらい迷惑なんだから。いい大人が、周りに気を遣わせる恋なんてしちゃダメよ。

恋がうまくいってないと仕事が手につかなくなる人もいるけど、それって社長の立場からしたら給料泥棒もいいところ。そんな人、私だったら雇い続けたくないわ〜。

お給料もらって恋愛しにきてるわけじゃないんだから、会社では仕事に集中！

3万人に聞いた！ 男の本音

気になる恋の疑問を、ブラック0号室のフォロワーに質問！

ブラック0号室

既読スルーと未読スルーの違いって？
左が既読スルー、右が未読スルーの意見よ。

既読スルー	未読スルー
忘れてた	どうでもいい
他の人に返してた	嫌いな人
めんどくさい	めんどくさい
返す必要がない	返信したくない
会話を終わらせたい	返信を考えてるうちに忘れた
間違えて既読つけちゃった	時間ができたら返そう
興味ないから	好きな人に返信早いって思われたくない
ただただ返せてない	相手に意識させたい
区切りがいいから返さない	相手との駆け引き
脈がない	会話を続けたい

ブラック0号室　意外にも「未読」の方が脈アリみたい。既読スルーされてる人は、自分が送った内容見直してみたら？　返す言葉がないのかも。

第4章

付き合ったら、
幸せだけが待っていると
思っていた

付き合って初めて

失う怖さを知った。

Q すぐにセックスしたら軽く見られそうで不安です。何回目のデートで体を許すべき？

何回目のデートでセックスするべきか問題ってよく語られるけど、これに答えはない。

1回目でも自分がしたいって思うなら、すればいい。そこにちゃんと好きがあれば、軽く見られるってことはないと思う。

けど、相手が迫ってきた時に、一回断ってみるのはアリ。

そこで、相手が自分のことをどう思っているかが見えるから。

セックスって、女にとってはスタートだけど、男にとってはゴールだったりする。

ＡＶと同じでやったらそこでストーリーが終わり、セックスを終点だと思っている男が多すぎるのよ。

断ったら急に態度が冷たくなったり、不貞腐《ふてくさ》れたり、デート中でも「じゃあ、帰る？」なんて言ってくるようなら、要注意。

そういう男は、あなたと付き合う目的が「セックス」になってる可能性が高い。付き合ったらコンスタントにできるから、とりあえず付き合うっていうゲス男も中にはいるから。セフレの延長、みたいなね。

相手が本当に自分を愛そうとしてくれてるか確認したいなら、断る勇気も必要。

それから、付き合ってるのにちゃんとしたデートはしないで、ただ昼間にホテルで会って夕方にはバイバイ、みたいな男もダメね。

そこに愛なんかないから目を覚ましなさい。

自分の欲を満たすことしか考えてない自己中男は、きっと今後も気に入らないことがあるたびに、それを態度に出してくる。自分の思い通りにならないと暴力を振るったりとか。

そんな子供男との関係は考え直した方が身のためよ。


彼氏にちゃんと愛されてるか不安って人は、生理中が確認のチャンス。

会う前に、恥ずかしがらずに「今、生理中なんだよね」って伝えてみて。

「え？　大丈夫」みたいな心配する言葉よりも、「じゃあ、会うのやめよう」とかすぐ言っちゃう男は、論外。「んだよ、今日できねーのかよ」ぐらいのことしか思ってないだろうし、そういうヤツはマジで「ヤリモク」の可能性アリかも。

それと、生理中でも気にしないでホテル誘ってくる男も、微妙なラインかな。

生理中なら生でできるからラッキーって思うゲス野郎もいれば、血まみれになるのは嫌だけど、それでも愛し合いたいくらい好きって場合もあるから。

どっちにしても、一番大事なのは、あなたがどうしたいか。

体調が悪くてゆっくりしたい時は、ちゃんと伝えること。

愛がある男なら、デートの内容を変更してくれたり、デート中にお腹が痛そうだったら頻繁に休ませてくれたり、温かいものを食べさせてくれたり、荷物を持ってくれたり。

あなたの体を気遣う行動を見せるはずよ。

そもそもセックスって、愛を確かめる行為。相手に求められる喜びを感じられるもの、よね。

男でもそう感じられる人はいるから、ちゃんと見極める必要があるんだけど、一番わかりやすいのは、セックス終わりかも。

男って基本、出したら満足な生き物だから、終わったらすぐにタバコ吸ったり、さっさとシャワー浴びに行ったりする人も多いけど、女性側は終わった後こそ大事にされたいし、イチャイチャしたい。

体を拭いてくれたり、キスして抱きしめてくれたり、布団をかけてくれたり、水を飲ませてくれたり。いたわる行為をしてくれる男は、あなたを大切に思ってる証拠。

男だって、本当に好きな相手だったら自然とそうしたくなるものだから。

もちろん、セックスの内容も大事。変なプレイを強要したり、自分が気持ちよければそれでいい、みたいな独りよがりのセックスをする男もダメね。

あなたがしてほしいことを伝えて、それをやってくれるかどうかでも愛は測れるよ。

まぁ、男はＡＶに洗脳されてるところがあるから、教育してあげるといいかもね。「それ、女は気持ちよくないんだよ」って教えてあげないと、わからなかったりするんだから。

甘い言葉を囁かれたら、愛を信じたくなるけど、そんなのＡＩだって言える。

見るべきは、男の「行動」。本物の男は、セックスで見極めろ。

Q なかなか休みが合わなくて彼と会えません。でも「会いたい」って言うのは、いつも私ばかり……。

会えないと不安になるって女の子は多い。

でも、安心して。**男って、会えない時ほど好きが募っていく生き物だから。**

ほら、距離が近すぎるとピントが合わなくて、物がよく見えないじゃない？

それと同じで、一緒にいることが当たり前になると、存在が空気みたいになって、大切さが薄れていく。

だから、会えないくらいがちょうどよかったりする。

離れている時こそ、相手の優しさや大切さに気づいて「あぁ、好きだなぁ。会いたいなぁ」って思えるものだから。

その〝好き〟を募らせて、空腹感マックスで会いたいのが男。

空腹で空腹でどうしようもなくなった時に食べるご飯に、一番おいしさを感じる。

だから、会いたいと思ってても、あえて言葉にはしなかったりする。そこで言っちゃうと、少しお腹が満たされちゃうから。

でも、女は三食、規則正しく食べたい生き物。いつだって、気持ちを確かめたいと思ってる。

空腹を感じたい男と、空腹を感じたくない女。これがすれ違っちゃう原因。めんどくさいし、不安になるかもしれないけど、そんな男心もわかってあげてね。

それがわかってる女性は、彼と会えない時間ほど本屋に行くとか、カフェでのんびり過ごすとか、好きな映画を観るとか。自分の好きなことをして、一人の時間を充実させようとする。

彼のことで頭の中を埋めるんじゃなくて、自分の楽しみを最優先にできるのよね。

こういう人は浮気されたり、飽きられたりもしない。

彼に依存してないから、ずっと一緒にいなくても平気だし、それ以外のところでどんどん自分をキレイにしていけばいいと思ってるから、毎日リア充。

会えない時こそ、女を磨くチャンスなのよ。

会った時に新しい自分を見せられたら、ずっと惚れられる女になれるよ。

楽しさよりも
辛さが勝って
しまったら

その恋、どこか間違ってますよ

――辛いことなんて誰にでもあるけど、
辛さしかないのであれば軌道修正が必要だと思う。

Q 彼からなかなかLINEが返ってきません。もう冷められちゃったのかな？

はいはい、おなじみの「LINEが返ってこない問題」ね。

まず、知っておいた方がいいのは、男は毎日会話をしたいとは思ってないってこと。

女性って話題が豊富だから、今日会社であったこととか、通勤中の出来事とか、何気ないことでも話したくなると思うんだけど、男にはそれがない。

女子会はあっても「男子会」って言葉は聞かないじゃない？

男同士で集まって何時間もしゃべれるほどネタがないもん。

あと、女性は誰とでも同じ話ができるけど、男はそうじゃない。

彼女には彼女にしかできない話をしたいと思ってるから、自然と連絡

が減るんじゃないかな。

だから、ＬＩＮＥを毎日、無理やり続けるのはオススメしない。

付き合いたての頃は、ハートとか絵文字バンバン使って、だらだらと意味のない会話を続けるだけでも楽しいかもしれないけど、そういうやり取りをずっと押し付けちゃうと、ちょっとずつ溝ができていく。

彼が忙しい時とか、仕事で悩んでる時には「こいつ、いつも自分のことばっかりでウザいな」って思われるようになっちゃう。

彼はただストレスを吐き出したいのに、連絡すること自体にストレスを感じてしまったら、精神的にも苦しめちゃうし、きっと関係も悪くなるよね。

理想の頻度って難しいけど、デートの約束とか、相談事がある時だけするくらいでいいんじゃないかな。

例えば、土曜日にデートするんだったら、月曜日に「土曜日デートしようね」

って約束して、あとは前日の金曜日に「明日、楽しみにしてるね」って送る。このくらいで十分。

その方が、会った時に尽きない会話を楽しめると思うんだよね。

連絡がないと寂しいって人は、会った時用のネタ集めに集中する期間って捉えたらいいんじゃない？

せっかく会うなら、会った時に話すための話題を取っておこうよ。

それに、女性はリアルタイムでのやり取りを重視するけど、男は仕事で大きなプロジェクトのメンバーに選ばれたとか、大事な話ほど直接会って報告したいと思ってる。

言った時の彼女の反応が見たいから。絵文字なんかよりも、表情とか声で感じたい。

で、「すごい！　頑張ったね！」って褒めてほしい（笑）。

もし、ＬＩＮＥで報告してきたら「直接おめでとうって言いたくて」って電話してあげると、男はめちゃくちゃ喜ぶと思う。でも、そこでは長々と話さずに「じゃあまたね」ってすぐに切るのがポイント。

余韻を残しておくと、彼はまたＬＩＮＥしたいなと思うし、会いたくもなる。

男って満腹にさせない方がいいのよね。腹八分目でも多いぐらい。ほんのちょっとでいい。


まぁ、それでもＬＩＮＥが返ってこなくて不安になることはあると思う。

そんな時に一番やっちゃダメなのが「なんで返事くれないの？」ってやつ。彼にだって色々事情があるのに、問い詰められると余計返したくなくなるから。

女性はどんなに仕事やプライベートが忙しくても「恋愛は別物」って考えられるけど、男はそうじゃない。

仕事が忙しかったり、追い込まれたりすると、彼女どころじゃなくなることもある。

それを理解せずにイライラをぶつけちゃうと「じゃあ、もういいよ」ってなって悲劇が起きるから、まずは「大丈夫？　なんかあった？」って送ろう。

心配してるよって気持ちが伝われば、彼も返せない理由をちゃんと話してくれると思う。


もし、「ちょっとほっといてほしい」「しばらく連絡取れない」って言われたら、寂しい気持ちをぐっと堪えて、とりあえず1週間くらいは見守ってあげて。

少し時間が経てば状況も変わるし、離れてみると彼も恋しくなったりするから。

1週間経っても連絡がなかったら「そろそろ落ち着いた？」って送ってみてもいい。

それでも冷たかったり、既読スルーされたり、距離を感じるようなら、相手が心変わりしてる可能性もある。

他に好きな人ができて、自然消滅を狙ってるかもだから、その時は問い詰めていいよ。

全フォロワー
8万人に聞いた！ 男と女の本音

気になる恋の疑問を、ブラック0号室のフォロワーに質問！

ブラック0号室

浮気のボーダーラインは?
左が男子の意見、右が女子の意見よ。

男子の意見：

× 相手に内緒で会う

× 二人きりで会う

○ 飯行くのはOK

○ 息抜きで遊ぶのはOK

× 元恋人に連絡する、会う

× 事務連絡以外のやりとりはNG

○ 手を繋ぐまではセーフ

× 手を繋いだらアウト

○ Hしなきゃセーフ

× 相手のことを考えられない時点でアウト

女子の意見：

× 会ってることを隠したら

× 二人で出かける、二人でカラオケ

× 合コン

× 意図的なボディタッチ

× 手を繋ぐ

× キス

× ラブホ

× 相手に言えないことをしたら

× 彼女よりも優先したら

× 相手が嫌だと思ったらすべて

○ 隠し通せばセーフ

ブラック0号室　どこが地雷かは人それぞれだけど、男は全世界の女を抱きたいと思ってる。これは覚えておこう。私的には、浮気するなら隠せ（笑）

彼に大切にされている実感がありません。私が欲張りなんでしょうか？

大切にされてる実感がないってことは、彼の愛情表現が足りてないと感じてるのかな。

あなたは彼に何を求めてるの？　「好き」って言葉？

付き合い始めの頃に比べて、あんまり好きって言ってくれなくなったなぁって感じてる人も多いと思うけど、男って基本的に照れ屋。

毎日言ってくれるものだと思ってるなら、少女漫画の読みすぎ。それを普通の男に求めるのは欲張りってものよ。

たまにでも言ってくれてるなら、それを１００として受け止めなきゃ。それが彼の精一杯ってことなんだから。

それに、「好き」とか「愛してる」って言葉は、本当に愛し始めたら言わなくなるもの。少なくとも、男にとってはね。


釣った魚に餌をあげないとか、気持ちが冷めたってわけじゃないのよ。

そうじゃなくて、気持ちが言葉を超えたってこと。

多分男って、最初のうちは、好きって言葉で自分の気持ちを確かめてるところがある。

「好きだよ」って口にして、それを自分の耳で聞いて、咀嚼《そしゃく》することで「そうだよね、俺は彼女のことが好きなんだよね」って思うの。

だから、一緒にいる時間が長くなればなるほど、愛の言葉は減っていく。

もう気持ちは確認できてるわけだから、わざわざ言う必要がなくなるってこと。

あとは、最初にあれだけ言ったんだから、もう言わなくてもわかるでしょとか、出し惜しみたいって気持ちもあるかな。

いつも好き好き言ってると、言葉が安くなっちゃうから。

やっぱり、会うたびに言ってほしいってのは求めすぎかな。

「好き」って言葉は、言うのも言われるのも毎回じゃなくていい。気分が乗りに乗ってるセックス中とか、お酒を飲んでいい感じの時、あとは、もう気持ちが溢れ出して止められない時ぐらいにしておいた方がいい。特別な言葉だからこそ、お互い貴重なものにしたいよね。

どうしても毎日言ってほしいなら、録音しておけばいいんじゃない（笑）？

もしくは、ＬＩＮＥで来たラブラブなメッセージを保存しておくとか。それを待ち受けにして、毎日見て頑張ってますって人もいたわよ。引き続き、頑張ってください（笑）。

まぁ、好きって言わせるテクニックもないわけじゃないから書いておく。

どうしても「好き」の言葉が欲しい時は、二人きりになれる場所で「好きだよ」ってひとこと言って、目を合わせて抱きつく。これだけでいい。

口下手とか恥ずかしがり屋で、自分からはいけないって男も、相手からボールを出されたら打ち返せる。
誰にも見られてなかったら「俺もだよ」くらいは言ってくれると思う。
ただし、この時に「愛してる」って言葉は使わないこと。
いや、言ってもいいんだけど、相手に言わせようとするのはダメ。
「愛してる」って、女の子が思っている以上に、特別で、重い言葉だから。
相手に見返りを求めるのが「好き」で、何も求めないのが「愛」。
包み込むような言葉だから、本当に大事に思ってないと言えない。
特に若いうちは、彼が言ってくれなくても許してあげてね。

逆に、愛の言葉は言ってくれるけど、大切にされてないって感じてる人もいるかもね。
ＬＩＮＥでは優しいし、好きだよとか送ってくれるけど、デート中はスマホ見てばっかりとか、他の人に目移りしてるとか、一緒にいることに飽きてる感じ。

いくら甘い言葉を囁かれても、行動が伴ってなかったら相手の気持ちを信じられないよね。
そういう時は、自分がされたくないことを彼に直接、伝えてみて。
それでもやめてくれなかったら、大事にはされてないってことになる。

言葉は嘘をつき、行動が嘘を暴く。

言葉を安売りするホストみたいな男は、行動で見抜いてね。

彼が浮気性で困っています。何回まで許すべき？

まず、回数の問題じゃなくて、浮気は基本、許すな。


あなたが許すから彼は付け上がるんです。

これが鉄則ではあるんだけど、「もうしないでね」って言いつつ、何度も許しちゃってる人がほとんどだと思う。惚れた弱みってやつね。

だから、浮気された時の対処法について書いておくわ。


彼の浮気が発覚した時、あなたはどうする？

泣く？　ケンカする？　自分の意見だけ言う？

一番いけないのは、あなたを傷つけたという自覚を、彼が持たないまま終わってしまうこと。

同じ傷を負わないと、正直どこが痛むのか、どうやって怪我をしたのかさえわからない。痛みに共感できないと罪悪感が湧かないから、また軽い気持ちで浮気しちゃうってわけ。

だから、あなたがどれだけ彼の行為によって傷ついたのかってことを、きちんと伝える必要がある。

良心がある人ならそこで反省して、同じ過ちは繰り返さないと思うわ。本当に好きな彼女なら、浮気なんかで失いたくないしね。

「ごめんね、やっぱりお前が一番だよ」って急に優しくなったり、ベタベタしてくるのは、彼が自分の罪悪感を薄めようとしてる証拠。

そんな時は、こう言ってみて。

「次はないよ。もしまた浮気したら、私もするからね」

こういう脅しは効くわよ。男って本当に自分勝手で、自分はするくせに、相手には絶対にしてほしくないんだから。

浮気し返すのができなかったら、別れるって伝えてもいいね。

それでも響かないようなら、あなたは彼のキープ要員にされてるって思った方がいい。

つまり、本命じゃなくて、セカンドってこと。本命に振られた時の保険として彼女をキープしてる人もいるのよ。男ってずるいね。


対処法はこんな感じだけど、正直、何回も繰り返す人はもう病気だと思う。浮気依存症。

1回目は酔った勢いでとか、ほんの出来心かもしれないけど、2回以上は確信犯。そういう人は不治の病にかかってるから、反省もしないし、懲りない。

何度も浮気されてるなら、こっちから連絡しないとか、デートを控えるとか、ちょっと距離を置いた方がいいと思うわ。

浮気する時って、口説き文句を考えたり、デートでいい格好したり、浮気相手に気に入られようとする。つまり、男側が追う立場にいるってこと。

でも、彼女は自分の日常にいて当たり前の存在だから、追われる側になってることが多い。

それを逆転させてやればいい。

追いかけたいのが男って生き物だから、追いかけさせるのは、彼女であるあなたがやってあげればいいんだよってこと。

まぁでも、やっぱり浮気男は許さないのが理想。

一番は、1回でも浮気した時点で手を引くことだと思うけどね。

彼の周りの女性すべてに嫉妬してしまいます。LINEはもちろん、彼が他の女性の話をするのも嫌。

嫉妬って大好きだからこそ、生まれる感情。

本当に大好きな相手には、いつだって自分だけを見てほしいじゃない。

だから、嫉妬すること自体は全然悪いことじゃないんだけど、「嫉妬＝悪いこと」みたいなイメージがあるよね。嫉妬する女は重い、みたいな。

思うのは、みんな嫉妬を伝えるのが下手ってこと。


「嫉妬されたら嫌？」

「あんまり嫉妬させないでよ」

彼氏にこんな言い方したことない？

どうしてみんな、こういう嫌な言い方しちゃうのかなって思うのよね。

嫉妬って言葉は、なるべくなら使わない方がいい。

同じことを伝えるなら、もうちょっと可愛く言ってもいいんじゃない？


例えば、彼氏が他の女の子がいる飲み会に行くってわかった時。

ここで「女がいるなら行かないでよ。浮気する気じゃないの？」なんて、嫉妬心丸出しの言い方をしちゃダメ。

その場の勢いで感情のままに伝えちゃうと、心が刺々《とげとげ》しいから、相手を傷つける言葉しか生まれない。それって、あなたが一番損することになる。

嫉妬を伝える時は、まず「これって自分のことだけ考えてない？　大丈夫？」って一回考えるクセをつけるといいと思う。

こういう時にオススメなのは、「〇〇くんのことが好きだから、ちょっと心配しちゃうかも。……ダメ？」ってセリフ。

こんなこと言われたら、もう可愛いよね。彼も悪い気はしないと思う。

どうしても心配なら、「楽しんできてね！　あ、帰る時に連絡ちょうだい。夜道心配だから」って伝えて、あとは快く送り出してあげよう。

「〇〇しないでよ」って言うんじゃなくて、「心配してるよ」って気持ちの方を伝えるの。

男って、縛られれば縛られるほど、逃げたくなるし、逆のことをしたくなっちゃう（浮気しないでね！　って、いくら釘を刺しても効果がないのはコレね）。だから、束縛するよりも、「私、待ってるからね」って伝えて、彼に自分の存在を意識させよう。

彼が女友達とＬＩＮＥしてるとか、他の女の子の話をしてくるとか、デート中に可愛い子を見てるなって思った時も同じ。

嫉妬は、伝え方です。

嫉妬してもいいから、可愛く伝えよう。

ダメ男を
つけ上がらせてるのは
あなたですよ？
その優しさいらなくない？

道路脇の排水溝に愛注いでるのと一緒よ？

——浮気されても、嘘つかれても、傷つけられても、何でも許してしまうのは
優しさでもなければ愛情でもない。「自分を守るズルさ」でしかないと思う。

彼がよく元カノの話をしてきます。そのたびに嫉妬するのわかってても、ついつい詮索しちゃいます。

高校の時に付き合ってた子がめちゃくちゃ可愛かったとか、巨乳だったとか、料理がうまかったとか。「元カノ自慢」したがる男っているよね。

あれ、どういう心理なのかしらね？

彼女を妬かせよう作戦？　それとも、いじめたい願望があるS男なの？

基本、元カノの話なんて聞きたくないけど、言われたら知りたくなっちゃうのが女心。

墓穴掘るってわかってるのに、詮索しては「あっそう、そんなに元カノがいいならそっちと付き合えば？」ってなっちゃう。

結局、お互い、いいことなんか一つもないよね（笑）。

元カノの話をしてくる男への対処法は、意志表示をきちんとすること。
聞きたくないって言うとか、あからさまに不機嫌になるとか、あなたが嫌だと思ってることをストレートに伝えるのがいいと思う。

彼が元カノ自慢をやめないのは、もしかしたら、あなたが何かしら彼の気に入るリアクションを見せてるせいかもよ？

毎回優しく聞いてあげてたり、「モテるんだね～」なんて、彼を持ち上げたりしてない？

まずはそれ、やめよう。

それでも言いたがる自意識過剰男には、カンペでも用意させたらいいんじゃない？

「私になんて言ってほしいの？　聞いてあげるから、言ってほしい言葉を一覧にしておいてよ」って（笑）。

それか、「私もこの間、元カレと会ったんだけど、すごいカッコよくなってた」とか言って、逆に嫉妬させるとか。

で、彼が嫉妬してきたら、「私の気持ちわかった？」って言ってやればいいわ。

元カノ話には、元カレ話で対抗よ。


まぁ、でも基本は、相手の過去には踏み込まないのが正解。

彼の過去に楽しい話なんか一つも落ちてないって思った方がいい。

一番よくないのは、自分が元カノより劣ってるって勝手に思い込んじゃうことかな。

特に、彼に愛されてる自信が持てない時は、過去の女に嫉妬しがちよね。

「どんな元カノよりもお前が一番好きだよ」って言ってほしくて、ついつい詮索しちゃうって人もいると思うけど、それは間違った自信のつけ方。

彼の好みに近づきたくて、データ集めとして聞くってのも一つの方法ではあるけど、それを聞いたところで、嫉妬したり落ち込んだりすることしかできないのなら、自分にとって不必要な行為だと思わない？

プラスにならないことをあえてしていると、どんどん自信をなくしちゃう。

大切なのは、自分のためになっているかどうか、よ。


自信がある人は、過去は見ない。

これから彼を自分色に染めていけばいいやって思ってるから。

そのために、どうしたら彼を夢中にさせられるかってことだけを考えてるから、過去の女になんか目もくれない。


それに、今付き合ってるのは自分なんだから、彼にとって自分が一番なのは当たり前。わざわざ確認しなくてもわかるから、聞く必要がないのよね。


人の幸せは過去にはない。

これから一緒に作るものでしょ？


誰かの元カレだった彼じゃなくて、今目の前にいる彼を見ようよ。

実録！ダメ男に聞いた本音

気になる恋の疑問を、ブラック0号室のフォロワーに質問！

ブラック0号室

ダメ男に引っかかりやすいダメ女の特徴は？

1　恋愛体質

2　付き合う前に体を許してしまう

3　相手に尽くし過ぎてしまう

4　クラブでナンパされる子より、マッチングアプリを多用する子

5　承認欲求が強すぎる（嫌われたくない、誰からも好かれていたい）

6　常に心配しすぎてしまう

7　我慢ができない

8　自分に非がないのに謝ってしまう

9　相手を甘やかすことを、優しさと勘違いしている

10　男性への抗体があまりにない

11　押しに弱く、流されやすい

ブラック0号室

知り合いのモテ男が言ってたんだけど、最近はクラブよりも「マッチングアプリ」の方がナンパ成功率が高いらしいわよ〜。クラブに来るような子は男慣れしてるから「ヤリモク」の男を目ざとく見抜く。ハードルが高いのよね。

一方、マッチングアプリやってる子って、根は真面目な子が多い。

一見ガードは固そうに見えるけど、ちょっとメッセでやり取りして仲良くなれば、あっさりLINE交換してくれるんだって。

いきなり対面じゃないし、メッセならいつ返してもいいから、お互い精神的にも楽。

今や、セフレはリアルナンパよりも、オンライン上で作るって流れにシフトしてるのね。


ちなみに、女の子で本気の出会いを求めてるのは1割くらい、男は6割が「ヤリモク」らしい。

有料アプリなら登録してる人の質も高いらしいから、いい出会いにつながることもあるかも。

「都合の良い女」にならなければ、マッチングアプリ使ってみるのもいいんじゃない?

未送信こそ
自分の本音
なんだよね

（送れないで何回も消そうとするやつ）

——ケータイにばっか愛情表現うまくなって、ホント自分バカみたい……。

彼のテンションに左右されて、合わせてしまいます。これって依存？

楽しみにしていたデートでも、彼のテンションが低かったら自分も低いフリをしたり、彼のＬＩＮＥが不機嫌な感じの時は、自分も言葉少なめに返したり。まるで彼と合わせ鏡のような存在になってたりしない？

う〜ん。これはそうね、「依存」ではないかもしれないけど、少なくとも彼のためにはなっていないと思う。

だって、相手がすべて自分に合わせてくれるなら、自分一人でもいいじゃない。自分以外の誰かと付き合うメリットって、テンションが低い時にこそ気分を上げてくれたり、リフレッシュさせてくれることだと思うんだけど、同じように落ち込まれたら一緒にいる意味がない。それなら相手はいらないよってことになると思うの。

全部彼に合わせるってさ、彼女じゃなくてファンだよね。

あんまり合わせすぎてると、いつかあなたである必要がないって思われちゃうよ？


せっかく違う人間同士がわざわざ付き合ってるんだから、目指すべきは「依存」じゃなくて「共存」なんじゃないかな。


共存っていうのは、あなたが彼女である意味、彼が彼氏である意味っていうのがお互いにわかっていて、お互いがお互いのために尽くしながら共に成長していくこと。

それが二人でいる理由でもあるんだけど、どちらか一方が合わせちゃったら、その時点で一緒にいる意味がなくなっちゃうと思うんだよね。共に存在していないってことだから。

だから、彼に合わせるのはやめて、あなたが彼女である理由を作った方がいい。

でも、どうすればいいの？　って思うだろうけど、答えは簡単。

自分がしたいことも、テンションも、全部自分で決めればいいだけ。

デートで行きたい場所とか、食べたいものがあったら伝えればいいし、したくないことはしたくないって言えばいい。

今はそういう気分じゃないとか、感情の起伏も素直に伝えていいよ。


彼が右を向いたら、同じように右を向くのがファンだとしたら、自分は左を向いて、そっちの方角にいいものがあるよって教えてあげられるのが彼女。

彼が想像できない気持ちや行動を体験させてあげられるのは、恋人であるあなただけの特権なんだから。


まぁ、そうしたくても、合わせないと彼が怒るから仕方なく従ってるって人もいるかもね。

それでも彼のことが好きで、ずっと一緒にいたいっていうんだったら、保育園児と付き合ってると思おう。

で、あなたが保育士になったつもりで教育してあげよう。

例えば、あなたが「今日はディズニー行きたいよ」って言っても、彼が「いや、俺はホテルって言ってるんだからホテルだよ」って言いはって譲る気がない、みたいな時は「わかった。じゃあ、今日はあなたに合わせるから、明日は私のしたいことさせてね」って言ってみて。

あなただけが我慢するんじゃなくて、お互いがしたいことを折半するの。

折れるところは折れるけど、そのかわり相手にも折れてもらうってこと。

もし、それも聞き入れないような相手だったら、悪いことは言わないから別れた方がいい。

結婚したとしても、あなたは彼の家政婦になるだけだから。

それに、そういうタイプって、どんどんエスカレートしていく。

彼女が言葉で自分の思い通りにならないとわかったら、今度は暴力を振るってでも従わせようとするかもしれない。そうなったらＤＶの始まり。
でも、彼を犯罪者にしたくはないでしょう？
そこまでいっちゃうと、別れるのもめちゃくちゃ大変になるし。
だから、彼自身のためにも、あなたが調教してあげた方がいい。
今ならまだ間に合うから。

相手のために我慢できるのが人間だし、本当の愛情。
もしそれでも変わってくれないようなら、もうあきらめて次行こう。
世界に男は35憶人もいるんだからさ。

Q 彼の行動すべてを知りたくて束縛しすぎてしまいます。

彼氏の行動すべてを把握したがる女って意外と多いわよね。

友達と一緒に飲んでても、ちょこちょこ彼女とか嫁に連絡してる男を見ると、ちょっとかわいそうって思っちゃうけど、まぁ、彼が嫌がってないのなら、いい関係なんじゃない？


もし嫌がってるんだとしたら、それはあなたが自己中ね。相手への思いやりなんてないってことだから。

彼の交友関係や状況も考えずに、自分だけが安心できて、満足できればそれでいい。それで幸せを感じていたいって、それはさすがにワガママ。そういうのを性格ブス子っていうの。

そういう人は一人でいなきゃいけないと思う。誰かと一緒にいても、その相手は幸せになんてなれないんだから。

いい？　束縛は、相手の居場所を狭めてるってことだからね。自分の居場所のない部屋にいつまでも住み続けたいと思う？　私ならすぐ出ていくけど。

ちょっと厳しいことばかり言っちゃったけど、束縛しちゃうそもそもの理由は、相手への不信感もあるわよね。

普段から愛情表現が足りないと感じてるとか、彼の気持ちを疑ってるとか、過去に浮気されたのがトラウマになってるとか。

何かしら束縛するようになった原因があると思うんだけど、まずはその問題を解決すべきなんじゃないかな。

とにかく、束縛癖を治すには、彼を信じるしかない。

そして、彼の方も、あなたに信じてもらってるという自覚を持たないといけない。

逆に、こんなに信じてくれてる彼女を悲しませないようにしようって思う人じゃないなら、一緒にいるべきじゃないわね。

そう思えない人だったら、あなたが付き合ってあげる必要はない。そんな人の相手は、二番手希望の人に任せておけばいいよ。

とまぁ、信頼関係を築くのが大前提ではあるんだけど。

そうは言っても、「すべて自由にしていいよ！」って野放しにするのも、さすがに不安よね。付き合ってるんだから、お互い窮屈に感じない程度の縛りはあってもいいと思う。

じゃあ、束縛のボーダーラインはどこか？

これは人によって束縛と感じるラインが違うから、相手に聞いた方がいい。

「何をされたら束縛って思う？」

「女友達と連絡取るなとか、飯行くなって言われるとかは嫌かなぁ」

「じゃあ、携帯チェックされるのは？」

「あ、それも嫌。別にやましいことがあるわけじゃないけど、プライベートもあるし。気になるならLINE見せるとかはいいけど」

例えばこんな感じの会話になったとするじゃない？

そうすれば、「GPSをつけられるのは嫌だけど、門限は守るよ」とか、彼にとってのボーダーラインが色々見えてくるから。

そこから二人でルールを作っていけばいい。


でも、「あれは嫌。これも嫌」ってルールを作りすぎちゃうと、結局束縛になっちゃう。何百ページもあるルールブックなんて重すぎる。お前、辞書か！　って感じよね（笑）。

だから、数は絞った方がいい。オススメは3つくらいかな。

絶対に守ってほしいことを3つ決めたら、それを徹底的に守ってもらおう。で、それ以上は縛らないこと。3つでもまあまあ多いからね。守ってくれてるなら、それでありがたいと思わなきゃ。

それから、もしかしたら、彼の方も心配してることがあるかもしれない。会話の中でそれが見えたら、あなたも守ってあげること。

めんどくさいと思うかもしれないけど、お互い束縛しない・させないためには、相手を不安にさせないことが一番だから。楽して幸せになれるようには、世の中できてないのよね。

ちゃんと話し合って、お互いの嫌なポイントを確認して、連絡するとか細かいケアもきちんとしながら信頼関係を作っていってよね。

思い描いてる
理想の形と違うなら
その理想は

捨てしまいなさい
比べるものがあるから
辛いのよ

——理想は単なる道しるべであって、答えではないから。

彼とケンカしてしまいました。どうすれば仲直りできる？

ケンカしちゃったら、まず長引かせないことが大事。問題って先送りにすればするほど、流されるし、どうでもよくなる。そのうちに二人の関係自体がどうでもいいやって思われちゃうかもしれない。

だから、仲直りは早めの方がいい。当日中がベスト、遅くても2日以内かな。

感情が高ぶっててお互い冷静になれない感じなら、少し時間を置くのはアリだと思う。

それから、仲直りする時は、そこまでに自分の意見をしっかり用意しておくこと。そもそもケンカって罵《のの》り合うものじゃなくて、意見交換の場だから。

でも、ただ自分の意見を押し付けるだけじゃダメ。

会社の会議でも、お互いの主張が真っ向から対立してるのに、どちらも一歩も譲らなかったら何も決まらないでしょ？

問題解決のためには、お互い歩み寄りながら、解決策もセットで話し合わないとね。


あとは、どっちから謝るか問題があるけど、意地の張り合いになったら、あなたが一歩大人になってあげるのがいいんじゃない？

たとえ、彼が１００％悪かったとしても。

本当は男から謝れって言いたいところだけど、男って妙にプライドが高い生き物だから（めんどくさっ笑）。

謝らなくてもいいからさ、「ちょっと話そう」って話し合いのきっかけを作ってあげて。

で、お互いの不満点を明らかにしたうえで、妥協ポイントを探ればいい。

いい会社って会議はなるべく短く、回数も少ないけど、仲直りもこれが理想。不満が10個あったとしたら、2個×5回にする、とかね。

そのためには、日頃から不満は小出しにしておくといいと思う。

気になることがあったら、その場で「ちょっと聞いて」って感じで、軽く。

そうそう、二人だけの仲直りルールを事前に決めておくのもオススメ。

おいしいものを食べに行ったら、それでグチグチ言うのは終わりにしよう、とかね。ルールがあれば、こじらせずに済むと思う。

とにかく、仲直りはすぐに、さくっと。長引かせないのが肝心よ。

彼は私より仕事が大事みたいです。我慢して応援してあげるべき？

これ、悩んでる人が多いみたいだから、実際に「仕事が一番」って男性に聞いてきたよ。

20代で起業して今は社長って人なんだけど、彼に言わせるとね、仕事に打ち込むのがある種、男らしいっていうか、それが当たり前だと思っている人も多いって。

別に彼女を大事にしてないわけじゃなくて、むしろ彼女との将来を考えて仕事に打ち込んでたりする。結婚とか同棲ってなると、お金も貯めなきゃいけないしね。

それか、彼が一つのことにしか集中できないタイプの可能性もある。仕事が忙しくなると、彼女のことまで考えられないってパターンね。もしくは、そもそも恋愛より仕事の方が楽しいって人もいるよね（じゃあ、付き合うなよって気もするけど）。

面白いなと思ったのが、学生時代にどんな部活をやってきたかによって、仕事に対する考え方や向き合い方が違うって話。

サッカーとかバスケ、ラグビーをやってた人（中でも点を取るポジションの場合は特に）は、個人プレーが得意。

仕事にもストイックに取り組むから、仕事優先になりやすいんだって。つまり、仕事だけに集中したいタイプね。

一方、野球やバレーボールとかのチームプレーをやってきた人は、バランス型だから仕事だけに集中することはないらしい。ちなみに、家に帰って好きなことをやってた帰宅部もこっち。

彼が学生時代、何部だったか聞いてみると、タイプがわかるかもよ?

まぁ、相手がどんなタイプだったとしても、絶対に言っちゃいけないセリフがあるんだけど。

そう、「私と仕事、どっちが大事なの?」ってやつ。

これを言われると、男は100%めんどくさいと思う。彼女と仕事って、そもそも比べる対象じゃないからね。

もし、彼があなたのために仕事を頑張ってるんだとしたら、「なんだよ、お前のために頑張ってるのに」ってやる気を削がれちゃうから、ほんと気をつけて。

あとはね、彼女といても癒やされないから仕事に逃げてるって可能性もある。

一回、あなたと一緒にいる時の彼の状態を観察してみて。

もし、つまらなそうにしてたり、休みの日もあんまり会いたがらないようなら、あなたが彼のリフレッシュの場になれてないってこと。

どうでもいい噂話とか、会社のグチとか、自分の話ばかりしてない?

思い当たる節があるんだったら、ちょっとスタンスを変えてみよう。

彼にあれして、これしてって求めるばっかりじゃなくて、「あなたのこと支えてるからね」「無理だけはしないでね、たまには息抜きもしようね」「寂しいけど、私も頑張るから」って感じで、さりげなく寂しさを匂わせながらも応援してあげるといいかも。

特に、「私も頑張る」はポイント高いわよ。

彼を「待ってる」んじゃなくて、自分も仕事とか別のことで一緒に頑張るの。彼に依存しない自立した女になるってことね。

そういう子が彼女だと、彼は「あいつも頑張ってるんだから、俺も頑張らなきゃ」って思う。

で、そこで彼の頑張りを褒めてあげたら、かなりグッとくるよ。

男は自分の頑張っていることや、打ち込んでいることを褒めてもらえると、それを糧にさらに努力して成長できるから。

それが大切な存在のためだったら、辛くてもいくらでも頑張れちゃう。

あ、彼が仕事でなかなか会えない時はさ、悩むよりも、見た目の印象を変えてみるといいよ。会うたびにあなたがキレイになったら、彼もどんどん会うのが楽しみになっていくから。

そういうところに時間を割ける女は、男が会いたくなる、思い出したくなる女になれる。


まぁ、色々言ったけどさ、どんなに仕事が大事でも、自由な時間がほとんどなくても、あなたと付き合ってるってことは、彼にとってあなたは必要な存在ってことだと思う。

本当にいらないんだったら、とっくに別れてるだろうから。

もっと自信持ってもいいんじゃない？

我慢して応援すべき？　とか、そういう問題じゃないのよ。

あなた、日本の女性代表ですか？　なに正しい彼女になろうとしてるの？

どうせなるならさ、誰かが決めた理想なんかより、彼の理想になりなさいよ。

3万人に聞いた！ 男の本音

気になる恋の疑問を、ブラック0号室のフォロワーに質問！

ブラック0号室

彼女にうまく愛情表現できない理由は？

そんな好きじゃなくなった

引かれたくない

重いって思われたくない

マンネリ化

恥ずかしい

言わなくてもわかってると思う

愛情表現の仕方がわからない

記念日にしかしないから

言葉だと軽くなりそうだから

トキメかなくなりそうだから

愛情表現しても、相手から返ってこない

価値が下がりそうだから

ブラック0号室　男って、女が思ってるよりもナイーブな生き物。時にめんどくさいけれど、そこもかわいいと思えたら本当の愛かもね。

第5章

結婚相手、彼でいいのか問題

元恋人や好きだった芸能人の結婚話を聞いても、自分には縁もなく、どこかしら他人事のような気がしてた。
でもそろそろ、現実と向き合おうと決めた時、
最近彼とうまくいってる?
うん……まぁ順調かな
良かったじゃん。そういえばあんたの元カレ結婚したらしいじゃん

ふと気持ちが揺らいでしまいそうになった。
私にはこの人しかいないと信じている気持ちに。
へー
そうなんだ……

結婚適齢期って何歳？ 周りが既婚者ばかりで焦ります。

30歳を目前にすると、途端に届きだす結婚式の招待状。

ＳＮＳに毎週のようにアップされる友達の結婚報告や出産報告。

ご祝儀やらお祝いやらで、どんどん減ってく貯金残高。

毎月やってた女子会の参加者も一人、二人と減り……気づけば独身の方がマイノリティ。


あ～嫌ね、書いてるこっちが鬱になってくるわ。

28歳までに結婚すると勝ち組とか、子供早く産んだ方がいいよとか、まぁ、人は言いたいことを言う。そんなのわかってるっつーの！　クソくらえよ。

そもそも、結婚適齢期ってなんなんだろうね。

仕事や収入が安定してて、子供を産むのにも適した時期？

それが一般的には30手前ってことになるのかもしれないけど、そんなの人それぞれじゃない。

会社、収入、家族、相手の年齢。結婚って、色々な環境だったり条件が影響してくるけど、みんなが同じわけじゃない。

それなのに「年齢」だけを物差しにするってナンセンスだと思うのよね。

だから、周りとか世間の声に流される必要はないってこと。

焦る気持ちは痛いほどわかるけど、一番いいのは、あなたが「今だ！」と思うタイミングで結婚することよ。


それに、大事なのは、何歳でするかよりも、誰とするか。

焦って変な男と結婚してもしょうがないじゃない。

愛情がなければ結婚生活なんて苦痛なだけだし、相手が生活能力ゼロとか、浮気とかＤＶする男だったら苦労するのなんて目に見えてる。

結婚＝幸せとは限らないってこと。
一生、一緒にいる相手を年齢なんかで決めていいの？

焦る前にまず真剣に恋愛して、相手を見極める方がよっぽど大事よね。

女子会でみんなが結婚生活の話ばっかりするとか、実家に帰るたびに親戚から「まだ結婚しないの？」「早く孫を見せて」なんて言われて、肩身の狭い思いをしてる人もいると思うけど、そこはしょうがないって割り切ろう。

その場は「そうだねー、いい人がいればねー」って流すのが一番。

誰が何と言おうと、「私は私」って思ってればいいよ。

どうしても、友達とか同僚と自分を比べて焦っちゃうって人は、もっと視点を広げてみたらいいかも。

ほら、ものすごくキレイな女優さんでも、結婚してない人はたくさんいるじゃない？
でも、彼女たちは別に結婚相手に困ってるわけじゃないよね。
むしろ、自分にふさわしい相手をめちゃくちゃ吟味してるはず。
あなたも「高嶺の花」感出して、堂々と売れ残ってやったらいいわ。

尽くすなら
自分を

大切にする人に尽くしなさいよ

——あなたを大切にしないやつに尽くして意味あんの？
お金と時間の無駄やろ。

付き合い始めに比べて、友達みたいになってしまった。倦怠期の乗り越え方を教えてください。

倦怠期って、風のない日に公園の池に浮かんだボートみたいな感じ。ただチャプチャプ浮いてるだけの状態。お互い、漕ぎ出そうとしないから、見える景色も変わることがない。

でも、それが悪いことかっていうと、そうじゃない。

倦怠期って、安心できる時間、時期に突入したってことだと思う。「離れそうにもないな、私たち」「このままずっと一緒にいてくれるだろうな」と、お互いに思える安心感が生まれたってこと。

ただ、二人の関係が安定しちゃうと、そこから何も不安になることがなくなるから退屈に感じてしまう。

これって相当ワガママだよね。あれだけ安心したい、大切にされてるって実感したいと願っていたくせに、それが長く続くと飽きるって。

そういう人は、刺激を求めて浮気に走ったりするけど、そんなに刺激に満ちた人生送りたいなら、もう一生タワー・オブ・テラーにでも乗ってろって感じ。


まぁ、でも友達みたいになってしまったってことは、相手のことを好きかどうかもわからなくなっちゃったってことなのかな。

もしそうなら、それは飽きたんじゃなくて、二人の関係に満足できていないだけなのかも。

倦怠期は二人とも好きなことが前提の安心から来るものだけど、気持ちがわからないのは、まだどこか不安があるってことだから。

今の関係に満足してないんだったら、自分から動いてみよう。

相手を待つんじゃなくて、自分本位で行く。自分が楽しければそれでいいんだから。

まずは、二人で過ごす時間を短くしてみるといいと思う。

例えば、デートは夜だけにするとか、同棲してるんだったら一人で出かける回数を増やしてみるとか。ダラダラ連絡を取ったり、相手に干渉したりもしないで、一人の時間を増やすの。

つまり、二人で一緒にいることを「当たり前」にしないってこと。「飽きる」と感じる時間を作らないって言い換えてもいいかな。

ちょっと離れてみると、相手のことを考える隙間ができる。ふとした時に、今、何してるのかな〜って思い出したり。

人って寂しい時にこそ、相手のことを考えられるものだから。男は特に、ね。

あとは、一緒にいる時の内容ももちろん大事。

友達みたいになっちゃう原因って、デートとか会話の内容がマンネリしてるのもあると思う。

長く付き合ってたら、そりゃあ刺激とかドキドキはなくなってくる。

だから、二人の関係をマンネリ化させないためには、ちょっとお金を使って「非日常」を演出してみるのがオススメ。

海外旅行に行くとか、何か二人でアクティビティをやってみるとか、自分から提案してみて。

刺激を求めるなら、それ相応の対価は必要。

お金はかかるけど、普段やらないことにチャレンジしてみれば、二人の世界が広がる。関係も新鮮になると思うわ。

付き合ってる期間が長すぎて、結婚のタイミングがわからなくなった。結婚って何をきっかけにするの？

こういうカップル、多いよね。
多分、そこそこ良さそうなタイミングはいっぱいあったのに、「まぁいつでもいいか」って思って逃しまくる。そのうちに、気づいたら結構な年月が経ってたってパターン。

タイミングなんて誰かに教わることでもないし、正直なんだっていいと思うんだよね。
例えば、どっちかの誕生日や二人の記念日なんかは、いいきっかけになるんじゃない？

相手が意識してくれないなら、「結婚、どうする？」って自分から切り出してもいいと思う。

お互いにいつかは結婚したいと思ってるなら、きっかけなんて二人の勝手でいいよ。

まぁ、付き合って10年近くとか、お互いの存在がもはや家族みたいになっちゃってる場合は、きっかけ作りも難しくなるかもね。

今さら、記念日とか祝うのも恥ずかしいし、別に結婚しなくても不自由しないし、みたいな。

そういう場合は、超現実的に考えてみるのがいいかも。

9年付き合って結婚したって知り合いは、マンションの契約更新のタイミングで結婚を決めたらしいわよ。お互いに一人暮らししてるけど、家賃がもったいないから同棲しようかってなって、いや、同棲するなら結婚しようかって、とんとん拍子に話がまとまったって。

あとは、避妊しないでおいて、子供ができたタイミングで結婚するっていうのもアリよね。デキ婚前提で、自然に任せてみるのも一つの手。

一緒にいることが当たり前になってても、いざ同じ苗字になってみると嬉しいし、本当の意味で家族になったんだなぁって感慨も湧いてくるものよ。

それから、一生一緒にいることがわかってるなら、結婚しなかった場合のデメリットについて二人で話し合ってみるのもいいと思う。

例えば、どちらかが入院したり手術することになった場合、入籍していれば家族として同意書にサインできるけど、事実婚ではできなかったりする。

死ぬ時に財産を残したくても、同棲相手なだけでは相続権もなかったりする。

今は困らないけど、そういう場面に直面すると、ただの他人なんだなって無力感を感じたりするのよね。

すごいリアルになっちゃったけど、「この国では結婚してた方がメリットあるよね」って方向で話し合うのもいいんじゃない？

色々書いたけど、一番大切なのは、あなたに結婚する気があるのか？　ってこと。

結婚したいと思ってるなら、スピードはある程度重視した方がいい。

ベストなタイミングで結婚したいって思いが強すぎると、いつまでも決断できなくなるから。

スーパーでタイムセールってあるでしょ？　最初は定価で、徐々に安くなるやつ。

一番安くなったタイミングで買いたいって品定めしてると、なかなか買えないよね。

結婚のタイミングもそれと一緒だと思う。待ち続けたところで、期待以上の値段にはならないし、ギリギリまで我慢してると誰かに先に買われたりしちゃうかも。

品定めは10％〜20％オフくらいでやめておこう。

人の気持ちなんて
毎日コロコロ変わるんだから
相手への気持ちが
どうなっていくのかなんて

その時になってみないと
わからないもの　ただすでに
「不安の種の心当たり」
があるなら注意して

——勘ってやつは大体当たるから。
頭で大丈夫と思っても、心は正直者だから。

Q 性格は最高だけど、体の相性がどうしても合いません。彼氏とは、もう長いことセックスレスです。

結婚において、性の問題は無視できない。

男も女も、性に対する欲求はあって当たり前だけど、それを解消できない相手と一生一緒にいるのはお互い苦痛だからね。

だから、結婚前にセックスの相性を知っておくのは大切なこと。

セックスって快楽を得るだけじゃなくて愛情表現の一つなわけだから、結婚生活を長く続ける秘訣でもあるのよね。

まず、結婚前からセックスレスってのは、結構危ないと思う。

付き合ってる相手で満足できないとしたら、違う存在を求めに行ってしまう、つまり浮気に走る可能性が高くなるから。

風俗に行く分には別に構わないって人もいるかもしれないけど、彼氏に別の彼女とかセフレがいるってなったら、それは嫌よね。


付き合いたてよりも回数が減って今ではレス状態ってことなら、お互いのセックスに飽きてるってことかも。

いつもパターンが一緒とか、だんだん見た目に魅力を感じなくなって、お互いに異性として見られなくなったとか。

あるいは、もし彼から求めてこないのなら、エロ動画で満足してしまってたり、最悪、すでに出会い系に登録してセフレを作ってる可能性もある。

男は、常に魅力的な女性とのセックスを求めちゃう生き物だから、AVみたいな刺激を欲しがったり、次から次へと新しい人を求めてしまったりするのよね。


彼に自分だけ見ていてほしいなら、メスでいる努力はした方がいい。

毎日体重計に乗って、ちょっとぽっちゃりしてきたな、と思ったら食事制限したり、トレーニングをして体形維持に努めるとか。下着を1年以上新調してないんだったら、彼が好きそうなデザインのものを買ってみるとかね。

あとは、いつも受け身なら、たまにはちょっと積極的になってみるとか、したことのないプレイに挑戦してみるとか。

めんどくさいと感じるかもしれないけど、女性としての魅力を保つためには、油断禁物よ。

あなたがセックスは嫌いじゃないのに、彼とは体の相性が合わないからしたくないってことなら、一度腹を割って話し合うことが大事。

恥ずかしいとか言ってる場合じゃないし、彼の方だって気にしてるかもしれない。

男は基本的に彼女を満足させたいって気持ちがあるはずだから、きちんと「どうすれば気持ちよくなるか」をお互いに伝え合うべきだと思う。

「私はこういうのが割と好きだから、試してほしい」とか、勇気を出して伝えてみよう。

彼が自分本位のセックスをするようなら、それも嫌だって教えてあげること。言わないと伝わらないからね。

もしかしたら、する場所とかシチュエーション、体位を変えたりすれば、あっさり解決する問題かもしれないよ？

でも、ここで「あなたのは気持ちよくないから嫌」なんて、彼の身体的な問題を責めるような言い方はしないであげてね。

男って意外とデリケート。その一言だけで自信喪失しちゃうからさ。

それから、お互いがセックスにどれくらい重きを置いているかってことを知ることも重要。

毎日でもしたい人、たまにでいい人、気が向いた時だけしたい人、別にしなくてもいい人。

セックスに対する価値観って人それぞれだけど、一番はお互いが無理のない頻度ですること。

どっちかが強要したり、我慢したりしすぎると、一方的に不満が募っちゃうから、話し合いながら無理のない範囲で妥協ポイントを探らないとね。

希望を伝えてもあまりに改善してくれないのなら、お別れも考えた方がいいと思うわ。

そのまま結婚しちゃうと、悲劇が訪れかねないからね。

Q 浪費家で貯金がなく、経済観念がゆるい彼。私が彼の分も出すべき？

会社の飲み会に頻繁に参加していたり、趣味に惜しみなくお金をつぎ込んでいたり、高級な服や腕時計を買いまくっていたり……。金遣いが荒い人と付き合ってると、不安になるわよね。

計画性を持っていればまだセーフだけど、無計画な男はアウト。将来設計ができていないいってことだから。

彼との結婚を考えているなら、今のうちにいくつかチェックしておいた方がいいポイントがある。

まずは、借金がないかどうか。

「そんなに給料良くないはずなのに、なんでこんなにお金が使えるんだろう？」と疑問に思ったら、「借金とかあるの？」って聞いてみよう。

あなたの前で見栄を張りたくて、デートや服装に無理をしてお金をかけている可能性もあるけど、借金がある男はオススメしない。

「怒らないから嘘はつかないでね」「嘘をつくってことは裏切るってことだからね」って言って、確認してみて。

それから、貯金があるかどうか。

彼の浪費が気になるなら、「ちゃんと貯金とかしてる？」って聞いてみる。

貯金額を聞ければベストだけど、教えてくれなかったら、ボーナスが出た時に使い道を聞いてみるとかね。ちょっと探りを入れる感じ。

その流れで「あんまり使い込まないでよね、新婚旅行とか行けないいじゃん！」なんて言ってみるのもアリ。

遠回しに結婚を意識させれば、彼も貯金しなきゃと思うようになるかもよ？

まぁ、結婚を考えているなら、自分たちの将来設計に必要な額は話し合っておくべき。

婚約指輪に結婚指輪、結婚式に新婚旅行、新居の準備。結婚ってとにかくお金がかかるから。

高級ブランドの指輪が欲しいとか、盛大な結婚式を挙げたいって夢があるなら、なおさら。

何百万ってお金をすぐに貯めるのなんか無理だから、いつまでに、それぞれどのくらい貯めるべきか、目標を決めないとね。

二人で「来年までに〇〇万円貯めようね」って約束して、相手がそれを守ってくれないようなら、お別れした方がいいよ。あなたとの将来を真剣に考えてないってことだから。

彼が自分で管理できないようなら、あなたが財布の紐を握ってもいい。

夫の収入はすべて貯金して生活費は妻の収入で賄うとか、生活費を二人で出し合ってあとは貯金とか、夫婦には色んなパターンがあるじゃない？
それを、結婚前からルールを決めてやっちゃうの。

結論、あなたが彼の生活費を出す、はないわね。いつか返すからとか、出世払いでとか言うかもしれないけど、それってまああな詐欺。基本、お金は貸さない方がいい。

まぁ、あなたの方がめちゃくちゃ稼いでるとか、彼は売れないミュージシャンだけど夢を応援してあげたいとかって言うなら、止めないけどね。
そういう男を選んだなら、腹くくって頑張ろう！

実録！既婚女性に聞いた本音

気になる恋の疑問を、ブラック0号室のフォロワーに質問！

ブラック0号室

結婚して正解だった男性の特徴は？

優しくて思いやりがある

一途

頑張り屋。向上心がある

なりたい自分を持っている

金銭感覚がしっかりしている

生活力がある

一緒に楽しめる趣味がある

感謝を恥ずかしがらずに言える

周りに対して気配りができる

友人・家族を大切にしている

ブラック0号室　私的には「約束を守れる」「価値観が合う」も大事かな。こういう男と一緒になれたら、穏やかな幸せが続くと思う。

恋にも寿命があります
その寿命が
尽きた後のことも

しっかり考えときなさいね

――生活力ないやつと、ただ好きってだけで結婚するのは超危険。
恋は盲目ってよく言うけど、マジでそう。

Q 遠距離恋愛中の彼と結婚を考えています。でも、仕事を辞めて知らない土地に行くのは不安……。

これまでの生活を全部捨てて新しい土地に行くって、そりゃあ不安よね。
そんなあなたのために、私なりのアドバイスを書いておくわ。

① 結婚後、住む場所を何度か訪れておく

これから何十年と暮らすことになるかもしれないわけだから、まず、その街がどんな場所なのかを知っておくのは大切なこと。

「百聞は一見に如《し》かず」って言うけど、ネットで調べたり彼に聞くだけじゃなくて、実際に足を運んでみて、自分の目で確かめておこう。通いたいカフェとか、雑貨屋さんが見つかったら、イメージもしやすいんじゃない？

② 一人で楽しめる趣味を作る

知らない土地に行くってことは、知り合いがほとんどいないってことよね。友達もすぐにはできないだろうから、孤独との闘いが待っているかもしれない。

だから、一人の時間を楽しむ術を持っておこう。

ハンドメイドのアクセサリーを作るとか、絵を描くとか、なんでもいいから、自分一人で楽しめる趣味を作っておくこと。

一人遊びが上手な人は、どんな場所だって楽しく生き抜けるよ。

③ 彼が頼れる人か見極めておく

何か困ったことがあった時や、孤独を感じた時。やっぱり一番頼れるのはパートナー。

助けを求めても、彼が協力的じゃなかったら潰れちゃうから、いざという時、彼が頼れる相手かどうかを見極めておく必要がある。

そのためには、普段から悩み相談をしておこう。で、その時の彼の対応を見ておくの。

あなたが辛い時に好きなことをさせてくれたり、実家に帰らせてくれたり、周りの人たちと繋げてくれたり。そういう役目をしてくれる人となら、きっと困難も乗り越えられるはず。

④人と比べる癖を捨てる

誰も知らない環境にいると、友達と連絡を取ったり、SNSを見る機会が増えると思う。でも、そこで友達が楽しそうにしているのを必要以上に羨んだり、ひがんだりするのはダメ。

「みんなは楽しそうでいいよね～。それに比べて私は……」なんて思わずに、「私は私らしくいられればいいんだ」って考えるようにしよう。

新しい土地で、出会いがあった時もそう。

元々あったコミュニティに入る時なんかは特に、引け目を感じやすいよね。

「私も早く輪に入らなきゃ」って思いがちだけど、みんなから好かれようとすると、無理をして疲れちゃう。

だから、まずは一人、相性がいい人を見つけてみる。その人を大切にして、その人との時間を楽しめれば、それでいいよ。

たとえ少なくても、自分が素のままでいられる仲間がいれば、心強いから。

体もそうだけど、一番は心の健康。みんなよりも「自分が楽しい」を大事にしてよね。

⑤ 本当に行かなきゃいけないのか、もう一度話し合う

そもそもだけど、本当にあなたが彼の住んでいる街に行く必要があるのかどうか？

例えば、別居婚という選択肢もあるじゃない。お互い別の国に住んで、それぞれの仕事を楽しんでる夫婦だっているんだし。

それなら、あなたが今の仕事や生活を変えなくても済むわよね。

一緒に住みたいけれど、都会暮らしに慣れているから田舎に行くことに抵抗があるっていうんだったら、中間地点に住むって方法もある。彼の通勤時間は長くなるけれど、そこはお互い様って感じで。

絶対に行かなきゃいけない理由があるなら仕方ないけど、そうでもないのならもう一度、きちんと二人で話し合うべき。

今の仕事が好きで、辞めたくないと思うんだったら、それもきちんと伝えること。彼の方が転職するとか、選択肢はいくらだってあるんだから。

固定観念に縛られると視野が狭くなるから、一度フラットに考えてみてもいいんじゃない？

今の仕事しかできないわけじゃない、彼についていくだけが正解じゃないってこと。

結婚は二人の問題。あなた一人が我慢して、相手に全部合わせる必要はないと思うよ。

結婚後も仕事を続けるか悩んでいます。この時代、専業主婦になるのって、どうなんでしょう？

仕事を辞めて専業主婦になるか、このままキャリアウーマン路線で行くか。結婚となると、悩ましい問題よね。結婚後も仕事を続けていたけど、妊娠のタイミングで考えるって人もいると思う。

あなたが専業主婦になりたいと思っているのか、それとも、相手から求められているのか。

事情は人それぞれだと思うけど、どっちにしても大事なのは、パートナーとじっくり話し合うことじゃないかしらね。

何をって、あなたが専業主婦になった場合の「メリット」と「デメリット」よ。

仕事を辞めるからには、良いことも悪いこともあるわけだから、それを二人で確認しておく必要はあると思う。

まずは、収入面。あなたが仕事を辞めるってことは、彼の給料だけで生活するってことよね。

一人分の収入で満足な暮らしができるかどうかは、家計のやり繰り次第。専業主婦であるあなたの腕にかかっていると思うわ。

旦那さんの収入にもよるけれど、まぁ、今までみたいに頻繁に服を買ったり、エステに行ったりはできなくなると思うし、友達とのご飯も気軽には行けなくなるかも。

とりあえず、自分に使えるお金が減るのは確実だろうね。

お金に余裕がない生活でも我慢できるかどうか、考えてみて。

それから、専業主婦になるってことは、家事を全部一人でこなして当たり前ってこと。

パートナーがどういう人かにもよるけれど、そう考える男性が多いのは事実。

家事って別に、専業主婦の義務でもなんでもないんだけど、「俺は仕事をして生活費を稼いでるんだから、お前は家のことをするのが普通だ」という考え方になるのよね。

料理に洗濯、掃除。子供が生まれたら、それに加えて子育ても。毎日休みなく、これらをすべて一人で担当するって、結構過酷。

しかも、いくら完璧にこなしたところで、お給料やボーナスがもらえるわけじゃないし、夫から褒められることもない。むしろ、少しでも手抜きをしたら文句を言われたりする。

まあまあ理不尽。ある意味、究極の奉仕活動みたいなものなのよね。

家族のために身を捧げて、無償の愛を注げるか？

専業主婦になる時は、そんな覚悟も必要だと思う。

もう一つ、専業主婦になるデメリットは社会から離れてしまうこと。

家に一人でいる時間が長くなると、孤独を感じたり、視野がだんだん狭くなって、仕事をしている友達と価値観が合わなくなっていったりする。

会社でのスピード感やストレス事情もわからなくなるから、夫の愚痴や相談に乗るのもしんどくなるかも。

そんな状況も想定して、何か対策を立てておかないとね。


一方、仕事を続ける場合は、お金の心配はしなくてもいい。

二人分の収入があるわけだから、外食や旅行にも行きやすいし、貯金もできる。

もちろん、自分のお金だって自由に使える。

ただ、家庭との両立は課題になってくる。特に、家事の分担はケンカの種になりやすいよね。

お互い、どんなに仕事で疲れが溜まっていてもやらなきゃいけないわけだから、相当チームワークがよくないと。

まぁ、専業主婦になるにしろ、仕事を続けるにしろ、どっちにしても大事なのは、パートナーとどれだけ絆を深められているかってことだと思う。

深い信頼関係さえあれば、都度現れる困難な壁にも協力して対応していけるはずだけど、お互いがお互いの一番の理解者になれないと、それは所詮夫婦ごっこで終わっちゃうよね。

もし、相手に専業主婦になれと言われたら、最初に条件を出しておこう（もちろん、嫌なら断るのが大前提、ね）。

「なってあげるんだから、褒めてね」「私がやって当然とは思わないで。たまには家事を手伝ってね」「○曜日はあなたが○○当番だから、早く帰ってきてね」。

これで旦那を味方につけておけば、専業主婦ライフも満喫できるんじゃない？

実録! カップルに聞いた本音

気になる恋の疑問を、ブラック0号室のフォロワーに質問!

ブラック0号室

遠距離でうまくいった人、アドバイスをください!

何万回のLINEよりも、一回の電話を大切にする

LINEのボイスメールでもいいから、愛情表現送りあってた

おはよう、おやすみを言い合う
(今日も想ってました、の気持ち)

表情が見えないから、なんでも言葉にして伝えること

毎日の連絡はしないで、距離感を保つ

ビデオ通話必須

大好きの言い過ぎ、連絡取り過ぎ、
電話し過ぎは、冷める。適度に

SNSでは繋がらない

月に一度は必ず会いに行く

自分といる時以外の相手のことを詮索しない。縛らない

お互いの生活のリズムに歩み寄る。
自分勝手は別れるぞ

相手が忙しい時は我慢する思いやり

ちゃんとケンカもしてた

異性と遊ぶ時はちゃんと連絡する

サプライズも大事にしてた

嘘はつかない。必ずバレるから

会った時にケンカしないように、会う前に不満を解消しておく

干渉しすぎない

依存しすぎないこと

他の男の影を匂わせる（安心させすぎない!）

自分磨きを忘れない

一人の時間を好きに使う

不安は表に出さず相手を信じる

1年遠距離したら結婚とか、ゴールを設定する。
遠距離を経て結婚しました!

ブラック0号室　一人だけ頑張っても意味がない。お互いに乗り切るのが遠距離恋愛。相手を信用しながら、一人の時間も楽しんでこ。

結婚するなら同居が条件で迷っています。彼の親や兄弟と、どうしても仲良くなれません。

同居って、正直怖いよね。もし価値観が合わなかったら最悪だしね。でも価値観って、そもそも多種多様なもの。同じ親から生まれたとしても、兄弟姉妹で全然違うこともあるわけで、そりゃ合わないのが普通。その価値観の違う二人が結婚するだけでも大変なのに、さらに違う人と住むって。それは相当、気苦労が絶えないと思う。

それでも、彼と結婚したいから同居を受け入れるっていうなら、ちょっと覚悟はしておこう。

まず、今あなたが何か一つの価値観に縛られているのなら、軌道修正

しておいた方がいい。

自分が育った環境のやり方が正義だって考えがちだけど、最低限「みんな違って当たり前」くらいには思っておかないと、そのうちストレスでハゲちゃうから。とは言え、その家独自のルールもあるし、中には普通に考えておかしいでしょ！　っていう変なしきたりとか、受け入れがたい考え方を押し付けられることもあるかもしれない。

そういうのを全部、「必ず守るぞ！」って意気込む必要は全然ない。守れるところは守って、それ以外は「私はこうなんです、すみません」くらいでいいよ。

なんでもやれる範囲でやること！　これ、同居を成功させる極意。

それから、相手の家族とうまくやりたいなら、甘え上手におなりなさい。

特に、彼のお母さん。例えば、一緒に料理をしていて、魚のさばき方がわからないとか、その家の味付けがわからないとか。とにかく、できないことってたくさん出てくると思う。

そんな時は、正直に言っちゃうこと。「すみません、これやったことなくて。どうすればいいか教えてください！」ってね。

できないことは恥ずかしいことじゃないし、むしろ、できないことがあるって、教える側からしたら教えがいがあるもの。

ほら、上手にできないけど、一生懸命教わろうとする生徒って可愛いじゃない？

だから、あなたも素直な生徒になって教わりながら、できることを増やしていけばいいよ。

そうそう、同居といえば、彼が自分の味方をしてくれるかどうかは、かなり重要。彼の親や兄弟に理不尽なことを言われたり、古い価値観を押し付けられたりして、嫌な思いをすることもあると思う。

でもそこで、彼が仲介役になってくれるなら、辛いけど少し我慢してほしい。彼はきっと、あなたを幸せにするために守り続けてくれるから。

もし、我関せずって感じだったり、お母さんの言うことは絶対！　みたいなマザコンだったりしたら、同居は考え直した方がいいかもね。いいや、結婚自体をやめてもいいくらい。

あなたを守れるのは彼だけなのに、それをしないってことはパートナー失格だから。

まぁでも、同居を成功させる一番のポイントは「うまく避け合うこと」かも。相手の家族と無理に仲良くなろうとせずに、挨拶とか必要最低限の会話だけして、あとはお互い深入りしない。適度な距離感を保つの。合わない人はどうしたって合わないんだし、親には気に入られなきゃみたいな考え方も古い。

あなたは彼と結婚したいんであってさ、「いい嫁」になりたいわけじゃないでしょ？

いい？
あなたは
幸せになる

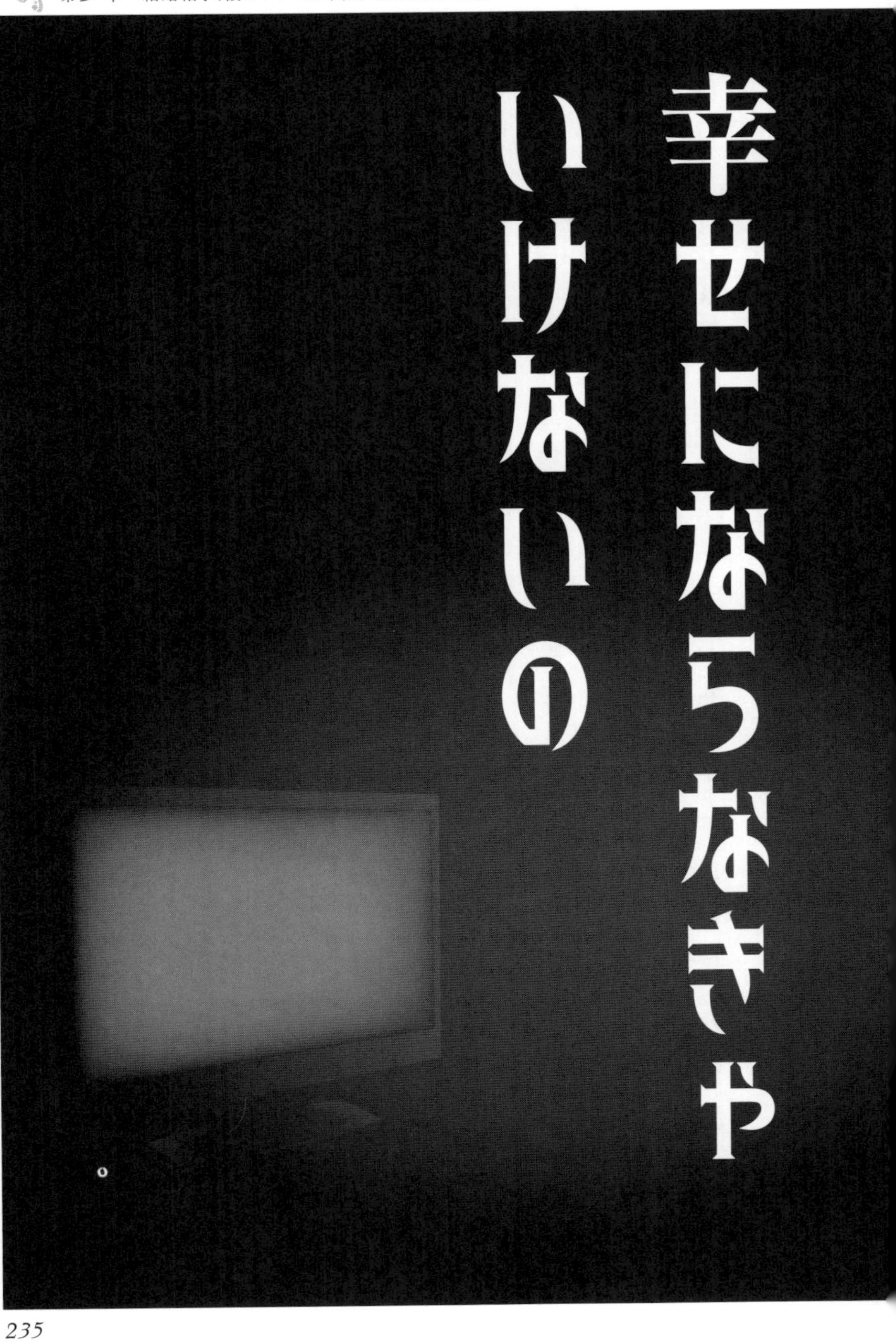

幸せにならなきゃいけないの。

私の親が彼との結婚に反対しています。押し切ってもいいでしょうか？

うーん。親が反対してるってことは、きっとそれなりの理由があるんだろうね。押し切っていいかって、これ結構、責任が伴うな～。下手なことは言えないわ。でも、私なりの考えを書いてみる。あくまで個人の意見として、参考にしてね。

まず、あなたの親がなぜ、彼との結婚に反対しているのかってことだけど。大体、理由は次の３つに分類できると思う。

① 彼の人間性に問題がある（暴力的、犯罪歴がある、性格に難あり、など）

② 経済的な面で不安がある（定職につかずフラフラしてる、借金がある、な

ど）

③ 生理的に許せない部分がある（挨拶に来ない、無愛想なのが気に食わない、家柄など）

親に聞いてみて、どこが引っかかっているのか、はっきりさせてみて。

色んなパターンがあると思うけどさ、やっぱり結婚しちゃいけない人っているると思うのよ。

①と②のタイプの男が、その典型なんだけど。

「恋は盲目」って言うけど、もしかしたら、あなたには好きすぎるがあまり、見えなくなっている部分があるのかもしれない。

あなたの幸せを願う親からしたら、そりゃ不安よね。自分の娘が不幸になる未来が見えちゃってるんだから。

もし、人間性や経済面で問題がある相手だったら、悪いことは言わないからその結婚はやめておきなさい。私が親でもそう言う。たとえ、ど

んなに好きでも、ね。

じゃあ、それ以外の理由の場合はどうするべきか？
これはね、程度の問題もあるけれど、反対を押し切ってもいいパターンかなと思う。

相手の家柄や学歴にこだわる親って少なくないけど、本来、結婚は二人が納得できればそれでいいもの。

親の好き嫌いで、あなたの将来を決めるべきではないと思うのよね。

レールを敷くのは親かもしれないけど、そのレールを走るかどうかを決めるのは、自分でいいってこと。

ただ、改善できる部分だったとしたら、彼にも努力してもらった方がいいとは思うけどね。

完全に直すのは無理だとしても、努力してる姿勢を見せれば誠意が伝わるじゃない？

そうすれば、親の中での印象も変わるよね。

究極、親より彼を取ってもいいと思う。

自分の子供が幸せになろうとしているのを、応援しない親なんていないと思うから。

最後は「私は、あの人と幸せになります。よかったら応援してね」くらいで押し切ってもいいんじゃないかな。

だけど、親はたとえ彼と離婚することがあっても、この先どんなことがあっても、最後まであなたの味方でい続けてくれる存在。

そのことだけは忘れないでね。

彼からプロポーズしてほしい！男性はどんな時にプロポーズを考える？

現実的なところでいうと、まずは自分の環境の変化があった時かな。転職とか転勤、昇進とか、仕事で大きな変化があった時に考えると思う。

それから、友達が結婚したり、親戚の結婚式に呼ばれたり、周りの変化を感じた時にも意識するよね。

もっと気持ち的な面でいうと、相手の大切さを再確認した時。

きっかけは誰かの言葉かもしれないし、一緒に恋愛映画を観た時かもしれないし、別れの危機が訪れた時かもしれない。

このままでは、ずっと一緒にいられなくなるかもって思ったら、結婚という約束をしたくなるんじゃないかな。

「えー、じゃあ待ってるしかないの？」と思ったあなたのために、彼に結婚を意識させるテクニックも特別に書いておく。

男が一番結婚したくなるのは、ずばり、彼女に「母性」を感じた時。

辛いことがあった時に精神的に支えてくれたり、甘えさせてくれたり、勇気づけてくれたり。

お母さん的な役割をしてくれる懐の深い女性がいたら、絶対に手放せなくなる。

だから、ちょっと弱ってる時が狙い目。ここぞとばかりに包容力を発揮して、精神的に依存させたらいい。男って、そういう恩は忘れないから。

母性を発揮するには、手料理なんかもオススメね。

より効果的なのは、彼のお母さんの味に寄せること。

子供の頃に好きだった料理を聞いて、再現してあげるとか。お母さんの煮物の味は濃いめか薄めか聞いて、作ってみるとか。

なんだかんだお母さんの味が一番だと思ってる男が多いから、この作戦は有効だと思うよ。

それでも意識してくれないようなら、もう逆プロポーズしちゃえ。

プロポーズ＝男からするもの、なんて考えはもう古い。いつまでも待ってたら、おばあちゃんになっちゃうかもしれないじゃない。今の時代、待ってる方がダサいよ。

まぁ、どうしても彼からしてほしいなら、パスを出すのもアリ。

「将来、どこに住みたい？」「子供は、何人欲しい？」「新婚旅行、ここに行ったら楽しそうだよね～」とか。普段の会話の中で遠回しにパスを出すの。

あ、「私、ちゃんとプロポーズしてほしい」という希望を伝えておくのも大事ね。

とまぁ、きっかけは別にどっちから作ってもいいんだけど、プロポーズだけは絶対にあった方がいい。

それも、思い出に残るような、きちんとした形で。

その日を境に関係が変わる。つまり、プロポーズって、二人の始まりの合図だと思うから。

本でいったらタイトルくらい大事なもの。

なのに、プロポーズなしに結婚しちゃうと、二人の関係も名前がないまま始まっちゃう気がするんだよね。

だから、これから始まる二人のストーリーに、ちゃんと名前をつける瞬間を作ろう。

何年経っても、その二人しか知らない幸せな瞬間を、一緒に思い出せたらいいよね。

おわりに

いかがだったでしょうか？

ブラック０号室節を効かせに効かせたから（これでも優しくしたつもりだけど）心臓発作でも起こしてない？　大丈夫？


まずは最後まで無事読み終えていただき、ありがとうございました。

これからもインスタグラムや書籍の執筆を続けていくつもりなので、嫌いになってないなら、更新を楽しみにしていただけたら嬉しいです。


最後なので、ちょっとだけ自分の話を。

私は、日々の生活で、公園のゴミ箱のそばに空き缶が転がってたり、電車で優先席に座って、お年寄りを立たせて知らんぷりで携帯に没頭する学生を見たり、渋谷のスクランブル交差点で肩がぶつかったのに無視されたりした時、心がザワザワするんですよ。

だからって、何か行動するのかと言われたら、空き缶をゴミ箱に捨てるくらいで、残りの二つは我慢してしまうわけです。怖いから、という簡単な理由もありますが、見てなかった、最初から知らなかったということにしたい弱い自分がいるから。

それでもたまにお酒なんかが入ってると、どういうわけか注意できたりもするわけです。

これって何だろうなって考えて、やっとわかりました。

自分の中に常に「気付き」はある、あとは動く「勇気」が湧くかどうか。

お酒に頼ってダセェと思われるかもしれないけど、それでも今まで気付いてたことを無かったことにはできないし、何かの外的要因で人はガラリと変われるんですよね。

すごい回りくどい言い方になりましたが、今あなたの中にあるザワザワをどうか無かったことにしないでください。

それは何かのきっかけで消せるかもしれないから。

そのきっかけが、この本になってくれたらいいなと思っています。

２０１９年12月　ブラック０号室

本文デザイン　松崎裕美（フラミンゴスタジオ）
イラスト　ますだみく
校正　東京出版サービスセンター
構成　渡辺絵里奈
編集　田中悠香（ワニブックス）

幸せになる覚悟はいい?
—グッバイ恋愛地獄—

著者　ブラック0号室

2019年12月20日　初版発行

発行者　横内正昭
編集人　青柳有紀
発行所　株式会社ワニブックス
〒150-8482
東京都渋谷区恵比寿4-4-9　えびす大黒ビル
電話　03-5449-2711（代表）
03-5449-2716（編集部）
ワニブックスHP　http://www.wani.co.jp/
WANI BOOKOUT　http://www.wanibookout.com/

印刷所　株式会社光邦
DTP　株式会社明昌堂
製本所　ナショナル製本

ISBN 978-4-8470-9865-9